民國歷史與文化研究

十 七 編

第 **5** 冊

《青海誌略》校注（外七種）（上）

〔民國〕許崇灝 編纂

鐵金元 校注

花木蘭文化事業有限公司

國家圖書館出版品預行編目資料

《青海誌略》校注（外七種）（上）／鐵金元 校注 -- 初版 --
新北市：花木蘭文化事業有限公司，2023〔民 112〕
目 6+158 面；19×26 公分
（民國歷史與文化研究 十七編；第 5 冊）
ISBN 978-626-344-386-0（精裝）

1.CST：方志 2.CST：研究考訂 3.CST：青海省

628.08 112010407

民國歷史與文化研究
十七編 第 五 冊 ISBN：978-626-344-386-0

《青海誌略》校注（外七種）（上）

作　　者 鐵金元（校注）
總 編 輯 杜潔祥
副總編輯 楊嘉樂
編輯主任 許郁翎
編　　輯 張雅淋、潘玟靜 美術編輯 陳逸婷
出　　版 花木蘭文化事業有限公司
發 行 人 高小娟
聯絡地址 235　新北市中和區中安街七二號十三樓
　　　　　電話：02-2923-1455／傳真：02-2923-1452
網　　址 http://www.huamulan.tw 信箱 service@huamulans.com
印　　刷 普羅文化出版廣告事業
初　　版 2023 年 9 月
定　　價 十七編 6 冊（精裝）新台幣 16,000 元

《青海誌略》校注（外七種）（上）

鐵金元 校注

作者簡介

鐵金元，青海海東人。畢業於青海民族大學，現寓居西寧。曾供職於青海物通集團，相繼從事統計、財務等工作。工作之暇，專注於西北史地文獻的整理與古典文獻學、歷史地理學研究。近十餘年來，借工作之餘，以輯錄、點校、注釋等方式整理西北史地文獻多種。已整理完成史地文獻稿有《西征隨筆（外六種）》、《大清一統志·青海志（外十種）》、《青海誌略校注（外七種）》、《江河源山水文獻彙輯校注（九十種）》、《河源紀略》等五種。

提　　要

　　《青海誌略校注》是對民國方志文獻《青海誌略》的重新整理之作。《青海誌略》是民國著名邊疆地理學者許崇灝先生根據新亞細亞學會會員黎小蘇、丘向魯、朱允明等人親歷青海實地考察所見所聞而編纂成的一部青海方志文獻。由於是書出版於抗戰時期，印刷字跡漫漶不清，抄本未加校勘，訛誤相襲，加之原書標點與今之語法習慣亦不相適。今以漫漶相對較少的民國三十四年（1945 年）上海商務印書館鉛印本以及出版在先的民國三十二年（1943 年）重慶商務印書館鉛印本共作底本，青海省圖書館藏抄本三冊做為參校本，並採用當時其他有校勘價值的相關史料文獻，詳加校勘，重新標點，並加注釋，以期提供一部精良的近代青海方志文獻，方便學界使用和一般讀者閱讀。

　　全書分總說、歷史沿革、地理環境、自然區域和行政區域、經濟狀況、各族分布之狀況、宗教及其寺院、生活習尚、交通路線、教育、結論十一章。內容豐富翔實，資料詳近略遠，比同時代其他青海文獻尤為縝密詳備。其書體例新穎，統括古今新舊，自成系統，具備了近現代的撰述形式，而不同於傳統志書。既是一部研究青海地區少數民族歷史及青海地方史地可資參考的重要省志文獻，亦為近人以新式學術方法研究青海地方的一部完整著作，對瞭解和研究民國時期青海的歷史、地理、社會經濟、人文狀況大有裨益。民國時期，青海無完志，而《青海誌略校注》的整理付梓正可補青海民國無完志之闕。

前　圖

校者鐵金元藏民國三十二年（1943）十一月初版《青海誌略》

 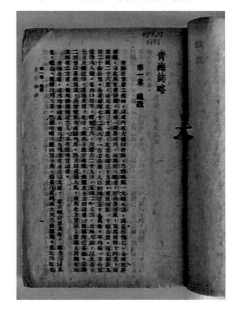

許崇灝先生像

1947 年許崇灝（右）、許崇清（中）、 許崇年（左）三兄弟攝於廣州

許崇灝先生墨蹟

「明月不解老，清風如可託。」

目

次

外七種

前　言

　　青海自設省伊始，很長一段時間沒有一部總括全省的地方志。民國初西北著名史地學家周希武曾搜輯典籍，網羅舊聞，自纂《青海志》[註1]，終罹「蓮花臺之難」殞身而未成。其稿未及整理刊行，惜於十年動亂中付之一炬。一九三八年，青海省政府成立「青海省志略」編纂委員會，委邑人基生蘭、浙江遂安余人[註2]、甘肅徽縣馬霄石等組織機構，主持其事。後因種種緣故，以「採

〔註 1〕《青海志》：按今藏西寧文廟原碑《甘肅青海護軍使署總務處長周君子揚墓表》：「（周氏）居恒搜緝典籍，網羅舊聞，將自纂《青海志》。茢多詩筆，彌不嘔心獨造，自期樹立。於西陲山水、民族、邊事，均有湛深研求，而規倣亭林，固其素志也。」據此，其稿署題當為《青海志》無誤。吳均校釋《玉樹調查記》緒言（青海人民出版社 1986 年版，第 7 頁），嚴正德、王毅武主編《青海百科大辭典》「歷史人物」中「周希武」詞條（中國財政經濟出版社 1994 年版，1116頁），中國政協天水市委員會編《天水名人》「天水籍篇」中「周希武」傳文（甘肅文化出版社 1998 年版，254 頁），馬萬里主編《青海省志·人物志》「人物傳」中「周希武」傳文（黃山書社 2001 年版，146 頁）等，均誤作《青海志經解》。按古今方志體例中有「藝文」或「經籍」之目，無有「經解」之例，尚且青海偏荒之地，經學素不發達，更無編纂「經解」之由。檢覈《甘肅青海護軍使署總務處長周君子揚墓表》，其文有「君著……未成者有《甘肅通志糾謬》《青海志》《經解》等」句。又載「（周氏）刪訂舊著，兼治《易》《詩》兩經，於《清經解》中鉤沉若干條，細書眉端，目力為眊。旁涉內典，期年中，治書旨趣，又為一變。刻苦愈甚，懷抱有在也。」可證《經解》當為周氏另一部未成之稿。吳氏斷句有誤在先，而《青海百科大辭典》、《天水名人》、《青海省志·人物志》等書未加考訂而沿襲其誤所致。《甘肅青海護軍使署總務處長周君子揚墓表》收入《西寧府續志》卷之十《志餘》，李文實點校本將《青海志》、《經解》別為兩書（青海人民出版社 1982 年版，617 頁），可謂的矣。

〔註 2〕余人：原名余永年（1880～1946），清末民初青海名士。來青後歷任代理循化縣知事、西寧道尹公署秘書、大通縣知事、代理玉樹縣縣長。1931 年任青海省政府秘書，後與基生蘭等兼任《青海日報》編輯、《西寧府續志》《青海通志》

訪未獲端倪，長篇正尤有待〔註3〕」而告終。而在此時，恰有著名邊疆地理學者許崇灝先生編纂的《青海誌略》付梓問世，正好彌補了這一史志缺憾。

《青海誌略》是民國時期青海方志文獻中影響較大的一部，成書於抗戰時期戰事最艱難的戰略相持階段。當時，中國半壁山河已淪喪於日寇鐵蹄之下，值此國難當頭之際，一些卓有遠見的愛國俊傑始將目光投向西部廣袤的邊陲之地。而邊疆諸省，「新疆有名存實亡之勢，西藏問題正待解決，青海一隅關係實較重要〔註4〕」。青海作為中國西陲要地、海藏咽喉，山川壯麗，湖泊縱橫，黃河、長江、瀾滄江、黑河皆發源於此，且其地沃野千里，所孳動物、植物、礦產種類繁多，當時多未墾植，故成為一些愛國志士及邊疆地理學者的目光聚焦之地。

民國二十年（1931年）5月，國民政府考試院院長戴傳賢、甘肅省政府教育廳廳長馬鶴天等人發起成立新亞細亞學會〔註5〕，後推舉蔣中正、戴季陶、九世班禪額爾德尼、五世章嘉呼圖克圖等為名譽董事，黃慕松、許崇灝、陳大齊、馬鶴天、格桑澤仁等為董事，創辦《新亞細亞》月刊。同年10月，由戴傳賢主編，將其歷次講述救濟西北、開發西北、建設西北的文章及馬鶴天《開發西北之步驟與方法》《西北三新省之實情》《青海蒙藏民族之衣食住行》《青海產業之現狀與其將來》，陳海濱、丁士源《蒙新青藏經濟交通之初步開發》，朱允明〔註6〕《新青海省之展望》，蔡元本《青海各蒙旗史略》等文結集為《西北》一書出版。

編審。著有《守一齋文存》《守一齋曲存》《守一齋詞存》等三十餘冊，惜未刊行。按《青海百科大辭典》「余永年」詞條，「今僅存《守一齋詩詞遺稿》，內有詩114首、套曲2個、小令37個、長聯1副。」然迄所未見，疑已失佚。

〔註3〕馬步芳《〈西寧府續志〉序》，《西寧府續志》青海人民出版社1985年7月。

〔註4〕馬鶴天《〈西北考察記·青海篇〉自序》，《西北考察記·青海篇》國民印務局1936年3月。

〔註5〕新亞細亞學會：20世紀二三十年代由中國知識分子成立較早的邊疆研究團體。成立於1931年5月，以「信行三民主義，發揮中國文化，復興亞細亞民族」為宗旨，發行《新亞細亞》月刊，組織邊疆考察團，開辦東方語文班，出版邊疆研究叢書等，為研究邊疆做了很多積極工作。

〔註6〕朱允明（1906～1960）：新亞細亞學會會員，甘肅氣象事業的創始人。於1932年曾創建甘肅省立蘭州氣象測侯所，並出任所長。撰有《新青海省之鳥瞰》（1931年）、《世界與中國氣象事業之概觀》（1933年）、《氣象事業之重要性與增設甘肅氣象所之芻議》（1939年）、《甘寧青史略跋》（1939年）、《蘭州九年來之氣象》（1941年）、《甘肅夏河縣志略》（1948年）、《山丹地震調查報告》（1954年）等文。

　　民國三十二年（1943），許崇灝於重慶據新亞細亞學會會員黎小蘇〔註7〕、
丘向魯〔註8〕、朱允明等三君發表在《新亞細亞》上的文章編排體例，集結成
冊，取名曰《青海誌略》，由戴傳賢題寫書名，成為這一階段全面認知青海歷
史沿革、自然環境、政治區劃、經濟狀況、民族分布、宗教寺院、交通、教育
等方面的集大成之作。認為青海「據我國本部及蒙、新、康、藏之中樞，為由
陝、甘入康、藏必經之地。南以結古為通西康之門戶，西南以拜都嶺山口為通
西藏之門戶，又西出托羅伊可通新疆，北逾祁連穿甘肅走廊可通蒙古〔註9〕」，
戰略位置尤為重要。其編纂《誌略》，旨在開發青海，建設西北，「以利建設，
以固國防」。書中許多內容與觀點，至今讀來猶未過時，尚可資借鑒。

　　編撰者許崇灝，字晴江〔註10〕，號公武，近代廣東番禺（今廣州）人〔註
11〕。辛亥革命元老，國父孫中山的重要軍事幕僚，著名邊疆地理學者，與其
弟許崇智世稱「辛亥雙雄」。早年畢業於南京陸師學堂，民國時期歷任軍政要
職。從 1928 年至 1941 年底在南京、重慶等地任國民政府考試院秘書、秘書
長。1935 年起兼任新亞細亞學會常務董事。因剛直不阿，嫉惡如仇，受戴傳
賢排擠退職。期間，關注西部邊政，著書立說，卓有見識。1943 年至 1946 年
復在重慶、南京任國民政府委員、國府顧問等空頭閒職。1946 年退休，棄政

〔註 7〕黎小蘇：1924～1929 年在青海蒙藏學校工作，後協助擔任青海墾務幫辦的堂
　　　　兄整理文稿。曾在青海作廣泛調查，寫成了一篇約有二十萬字調查報告，陸續
　　　　在《新亞細亞》月刊上發表，成為新亞細亞學會會員。後任教於西北大學民族
　　　　系、西北大學師範學院史地系。撰有《青海之民族狀況》（1933 年）、《青海喇
　　　　嘛教寺院》（1933 年）、《青海之歷史沿革》（1934）、《青海建省之經過》（1934）、
　　　　《青海之經濟概況》（1934 年）、《甘肅棉業概況》（1943 年）、《陝西之棉花》
　　　　（1944 年）、《陝西經濟概況》（1948 年）等文。
〔註 8〕丘向魯（1898～1954）：名咸，字夢熊，號向魯。福建崇安縣人，畢業於燕京
　　　　大學。新亞細亞學會會員。歷任國民黨閩浙贛黨務總視察、陝甘綏晉四省黨務
　　　　專員、國民黨青海黨部書記長、國民黨候補中執委。撰有《青海各民族移入的
　　　　溯源及其分布之現狀》（1933 年）一文。
〔註 9〕見《青海誌略》第十一章《結論》。
〔註 10〕甘肅省圖書館官網檢索提要作「公武，字崇灝」，以其號作為名，以其名作為
　　　　字，皆誤。
〔註 11〕《稀見地方志提要》卷四《青海》之《青海誌略》提要誤作「甘肅人」。據廣
　　　　東人民出版社《孫中山辭典》第 334 頁，應為「廣東番禺人。」《提要》籍貫
　　　　之誤，或以許崇灝與甘肅天水人周希武相混淆之故。許崇灝，號公武，為《青
　　　　海誌略》的編纂者；周希武，字子揚，著有《玉樹縣志稿》（又名《玉樹調查
　　　　記》）。或將《玉樹縣志稿》誤記作《玉樹志略》（民國曹瑞榮著），又將《玉樹
　　　　志略》與《青海誌略》相混淆。疑由此致誤。

從文，主持新亞細亞學會。1949 年上海解放後，歷任上海市文史館館員、市參事室參事。1959 年病逝。許氏一生於邊疆地理多所關注，著述頗豐，除《青海誌略》外，尚有《新疆誌略》《瓊崖誌略》等。

　　《青海誌略》資料來源於黎小蘇、丘向魯、朱允明等人親歷青海實地考察，以其所見所聞而編寫成的報告書，包括黎小蘇的《青海之歷史沿革》《青海建省之經過》《青海之地理環境》《青海之經濟狀況》《青海之民族狀況》《青海現狀之一斑》〔註12〕、丘向魯的《青海各民族移入的溯源及其分布之現狀》、朱允明的《新青海省之鳥瞰》等。其中，稽錄黎小蘇文尤居其半〔註13〕。以上報告書寄新亞細亞學會，曾分期在其會刊發表過。許氏將其重行整理，彙編成書〔註14〕，比同時代其他青海文獻更為縝密詳備。

　　是書約七萬字，編次分為十一章二十八節。第一章「總說」，論述青海省的地理位置、土地、人口以及開發青海的必要性。第二章「青海之歷史沿革」，敘述歷代開闢青海的史實經過及民國建立後青海建置的變化。第三章「青海的地理環境」，敘述青海省各部分地質的構造和地勢、山脈、河流、湖泊的分布及氣候情況等。記述山川河湖，尤為詳盡。山有唐古剌山、巴顏喀剌山、祁連山、積石山、西傾山、南山、叢嶺最為有名；川有鴉礱江、瀾滄江、索克河、柴達木河、布隆吉爾河、大通河為著；湖泊有青海湖、札陵湖、鄂陵湖、達布遜湖及鹽池等，無不備載。第四章「青海的自然區域和行政區域」。自然區域分三個部分進行敘述，即巴顏喀喇山以南玉樹地方為一區，東部黃河上流為一區，西北柴達木河流域為一區。但還有主張分為四區的記載〔註15〕，這對今天自然區域的劃分有一定的參考價值。關於政治區域，則介紹了青海重要縣市的歷史沿革和地理人文情況。除介紹了西寧、湟源、樂都、大通、亹源、互助、

〔註12〕黎小蘇文，曾被馬鶴天在撰寫《西北考察記·青海篇》下卷時多所採錄。馬鶴天是考察青海時間最久的人士之一。《西北考察記·青海篇》出版印行於民國廿五年（1936年）三月，分上、下兩卷。其中，下卷內容為馬氏調查所得及各種文獻資料的彙集，記錄了青海的政治、風俗、工業、農業、畜牧業、教育、民族等情況，較為全面展現了青海社會風貌。據《自序》言：「下卷係參考圖籍及時人之撰述，如黎小蘇、楊希堯、黃伯遠、安漢、竟凡諸先生關於青海史地、民族、農礦、水利、風俗等之記載，均採錄不少，並參以最近之耳聞，分類編述。」故對《青海誌略》漫漶文字的校勘具有一定的價值。

〔註13〕按今天版權署名之通行做法，揆情度理，當署「〔民國〕許崇灝、黎小蘇等」為是。聊記於此，待後日另作專文論述。

〔註14〕見《青海誌略》卷首《緒言》。

〔註15〕詳見本書第四章《青海之自然區域及政治區域》第一節《青海之自然區域》。

民和、循化、化隆等東部農業區各縣外，還介紹了同仁縣、共和縣、貴德縣、同德縣、察汗城、哈拉庫圖、恰卜恰、大河壩、結古、都蘭、瓊科、魯倉、囊謙等二十二個縣、市及鎮集。第五章「青海之經濟狀況」，共分九節論述。第一節墾務，主要敘述民國先後設立青海屯墾使、甘邊寧海墾務總局及各墾務分局、西寧區屬墾務總局的歷史事實及農業土地墾殖相關問題；第二節農產，比較詳細的介紹了青海東部農業區和牧區小塊農業區的耕作方式以及生產的糧食類、菜蔬類、果實類、藥材類的作物品種、產區；第三節林業，敘述青海森林分布及林木品種，特別是提到關於生態保護的內容，對今天青海的經濟生態環境建設依然有著十分重要的啟示和借鑒意義；第四節礦業，比較詳細的羅列出當時發現的金、銀、銅、錫、鉛、玉、硼砂、石膏、硝、硫磺、鐵、煤、鹽、硇砂、礬石、白石粉、等十六種礦產品種及其特性、特徵、產地、開採等情況，對青海地質礦產研究頗有參考價值；第五節牧業，詳細介紹了馬、駱駝、牛、羊、螺、驢、豕、犬等家畜品種，敘述青海馬養殖歷史、品種和青海羊毛品種、產銷情況尤詳，對西北社會變遷與區域經濟史研究極有參考價值；第六節漁業，敘述青海漁業分布、特徵及捕食情況；第七節獵業，列舉了麝、鹿、犀、狐、猞猁猻、猴、虎、豹、熊、狼、豺、猩猩、野馬、野牛、羚羊、青羊、黃羊、旱獺、豪豬、鼩鼠等二十種野生動物，並詳細說明了其產地、特徵、功用等，對研究近代青藏高原動物變遷頗具價值；第八節工業，詳細介紹了褐子、氆氌、氈帶、氈子等二十四種青海工業產出；第九節商業，敘述了青海蒙番游牧之民「以物易物」的貿易方式及本土運銷情況，對近代青海經濟發展進程的研究有參考價值。第六章「青海各族分布之狀況」，比較詳細地論述了青海各民族的分布狀況、遷徙的歷史過程及變化情況。第七章「青海之宗教及其寺院」，介紹了青海地區喇嘛教、回教、耶穌教、天主教的基本情況，並介紹了塔爾寺、佑寧寺、海藏寺、扎藏寺、福海寺、東科寺、廣惠寺、瞿曇寺、沙沖寺、鐵瓦寺、拉加寺、隆務寺、都蘭寺、結古寺、拉布寺等全省十四個著名寺院的情況。第八章「青海人民之生活習尚」，從衣服、飲食、居住、行旅、婚姻、生育、喪葬、職業、爭訟與復仇等方面作了生動有趣的介紹。第九章「青海的交通路線」，介紹了由西寧至柴達木及新疆，由西寧至玉樹及西康、康定，由西寧至皋蘭及西安，由玉樹至拉薩，由玉樹至甘肅洮州等五條交通路線及水運情形。第十章「青海省之教育」，論述了青海教育不發達的客觀原因，並介紹了民國時期青海教育的進展情況，可作為研究青海教育史的參考。第十一章

「結論」，論述青海地位的重要性和開發青海的建議。

全書內容豐富翔實，資料詳近略遠，書中對民國以來地方政治、經濟、文化等方面的敘述，反映了當時學人對開發青海之關心。惟數字表格似顯不足。如蒙古戶口表僅舉戶數而略口數；寺院僅舉著名者十數處，而未言境內大小寺院約若干處、僧侶約若干人及役屬於寺院之平民約若干戶口；交通路線多不言里程。各族分布區域與戶口數，或列表或否，亦不劃一，並乏修改。又敘述有太概括之處，往往前後牴牾。如「地理」章謂青海「地勢崇高，……雨量絕無」，後又謂「夏季始雨」；「經濟」章則謂「尚不缺雨」，但未能列出青海各地各月雨量數字。是為不足。

整體而言，其書體例新穎，統括古今新舊，自成系統，具備了近現代志書的撰述形式，而不同於傳統志書。一方面更適合於現代人們的閱讀使用，另一方面可與地方志乘相參並用。既是一部研究青海地區少數民族歷史及青海地方史地可資參考的重要省志文獻，亦為近人以新式學術方法研究青海地方的一部完整著作，對暸解和研究民國時期青海的歷史、地理、社會經濟、人文狀況有著十分重要的意義。

其版本情況如次：

一、《青海誌略》，陳超、劉玉清編著《青海地方志書介紹》及陳超編《青海省歷代方志綜錄》錄有「民國三十二年（1943年）修稿本，藏青海省圖書館〔註16〕。未見。疑指青海省圖書館藏中華民國三十四年（1945年）抄錄本三冊（詳見下文）。

二、《青海誌略》，民國三十二年（1943年）11月重慶商務印書館鉛印本第一版〔註17〕。本數不多，印本今亦少見。此本收入朱士嘉編《中國地方志綜錄〔註18〕》，著錄為甘肅省圖書館藏。校者所藏，亦為此本〔註19〕。民國三十

〔註16〕見陳超、劉玉清編著《青海地方志書介紹》，吉林省地方志編纂委員會1985年版，第7頁；陳超《青海省歷代方志綜錄》，《青海文化史料》第2輯，1995年，第231頁。

〔註17〕龔蔭著《中國土司制度史》下編（四川人民出版社2012年版）《主要引書與參考書目》「青海」部分「《〔民國〕青海誌略》」條，錄有「民國二十七年鉛印本」。不知何據，概誤記。

〔註18〕見《中國地方志綜錄（增訂本）》商務印書館1958年1月版，第73頁。

〔註19〕敝人於2018年12月從某舊書網以500人民幣購藏此版書一本，書封鈐有「中國地理研究所圖書室」藍印一方。「中國地理研究所」為民國時期國立中央研究院下屬科研機構，存在於1940年8月～1949年4月間。解放初為南京市軍

三年（1944年）6月再印，藏國內外各大藏書單位〔註20〕。陳超、劉玉清編著《青海地方志書介紹》及陳超編《青海省歷代方志綜錄》載，「此書尚有民國三十三年（1944年）重慶商務印書館鉛印本〔註21〕」，即指再印本。然而卻失載民國三十二年（1943年）重慶商務印書館鉛印本為初印，似乏查考。

三、《青海誌略》，民國三十四年（1945年）6月上海商務印書館鉛印本第二版。此本收入中國科學院北京天文臺主編《中國地方志聯合目錄〔註22〕》，青海省圖書館有藏。同年重慶商務印書館又出再版本，用熱料紙印刷，著者改題「許公武」，此本較為多見〔註23〕。

四、《青海誌略》，青海省圖書館藏抄本三冊。此本收錄於中國科學院北京天文臺主編《中國地方志聯合目錄》〔註24〕。當代著名方志學家陳光貽先生編著《稀見地方志提要》撰有《青海誌略提要》，載錄：「青海誌略，不分卷，民國間修。抄本，甘肅省圖書館藏〔註25〕。」經詣蘭州甘肅省圖書館西北文獻閱覽室檢索查找，僅存鉛印本，未見抄本。而在青海省圖書館發現藏有抄本三冊（索書號：K294.4/19：1～3），封面題寫「商務印書館印行，中華民國三十四年六月」，係據第二版抄錄無疑。可見此書當時頗風行。遺憾的是，抄本對印本漫漶、訛誤處未作校正，幾乎隻字未改，甚至錯字照抄，如「行政區」誤為「行改區」等，雖對缺字或訛誤偶有改正，究其利用價值十分有限。

五、《青海誌略》，臺灣成文出版社1986年影印本，為現在較通行的版本。

此外，近年來《中國邊疆行紀調查記報告書等邊務資料叢編（初編）》第二冊（2009年）、《中國近現代邊疆文獻輯錄》七八（2010年）、《邊疆史地文

管會文教部接管，後移交中國科學院，成為中國科學院地理研究所的前身。該書於何時自「中國地理研究所圖書室」流出，已不得而知。詢之書商，語焉不詳。得此書前，數度前往甘肅省圖書館西北地方文獻室進行內閣校勘。

〔註20〕國內中國地質圖書館、四川省圖書館、天津圖書館、廣東省中山圖書館、內蒙古自治區圖書館、浙江嘉興市圖書館、山西省圖書館、吉林省圖書館、青海省圖書館以及國外Berlin State Library（柏林國家）圖書館均有藏。

〔註21〕見陳超、劉玉清編著《青海地方志書介紹》，吉林省地方志編纂委員會1985年版，第7頁；陳超《青海省歷代方志綜錄》，《青海文化史料》第2輯，1995年，第232頁。

〔註22〕中國科學院北京天文臺主編《中國地方志聯合目錄》，中華書局1985年版，第231頁。

〔註23〕國內天津圖書館、內蒙古自治區圖書館等均有藏。

〔註24〕中國科學院北京天文臺主編《中國地方志聯合目錄》，中華書局1985年版，第231頁。

〔註25〕陳光貽編著《稀見地方志提要》卷四《青海》，齊魯書社1987年版。

獻初編‧西北邊疆》第二輯第一七冊（2011年）、《中國邊疆研究資料文庫‧邊疆行政建制初編‧西北及西南》一〇（2011年）、《近代青海考察記和調查資料彙編》第20冊（2019年）均以影印輯入。但由於原書印刷漫漶不清，故影印效果並不理想。這也是此書有必要認真加以校勘的原因之一。

　　由於是書出版於抗戰之際，當時社會動盪，物價飛漲，經費短缺，故用較差的渝版手工紙印刷，許多地方字跡漫漶不清，而青圖所藏抄本未加校勘，訛誤相襲。有些內容需一一核檢相關引書資料，加之原書標點與今之語法習慣亦不相適，今以校勘、標點和注釋的方式予以整理，以期提供一部精良的近代青海方志文獻，方便學界使用和一般讀者閱讀。

　　今整理《青海誌略》，採用漫漶相對較少的民國三十四年（1945年）上海商務印書館鉛印本第二版（省稱「新版」）以及出版在先的民國三十二年（1943年）重慶商務印書館鉛印本第一版（省稱「舊版」）共作底本，青海省圖書館藏抄本三冊做為參校本，並採用其他與《青海誌略》部分章節內容相同或相似而有校勘價值的相關史地文獻如《清稗類鈔〔註26〕》等古籍以及馬鶴天《西北考察記‧青海篇》（南天書局，1936年）、高長柱《邊疆問題論文集‧第十三題青海之歷史地理及種族分布現狀》（正中書局，1941年）等進行細加校勘。通篇體例依次為原文、校勘、注釋。校勘和注釋參考文獻一一臚列，附錄於抄。注釋力求做到準確，不作煩瑣考證。具體校勘做法如下：

　　一、盡可能保留原作者的標點習慣。原書所用標點與今之語法習慣不相適處，按中國國家標準化管理委員會發布的2011年版《標點符號用法》轉換為現行標點符號，以便今人閱讀。

　　二、底本無誤者，參校本有異文或批校信息，以校記形式列出，以備參考。

　　三、作者徵引前人著作，或轉引他書，或僅憑記憶，或檃栝大意，與原著字句時有出入。與原始輯錄文獻有異文，且其意義有明顯區別的，則保留原文，在校記中說明。

　　四、作者引證前人文獻時，對前人文獻中的古舊地名按當時地名進行纂改的，保留近代文獻已改地名並以括弧「（ ）」備註原文獻地名並加校記。

　　五、底本和參校本皆誤者，如「煨炕」誤作「煨坑」、「跋山涉水」誤作「拔

〔註26〕黎小蘇撰寫《青海現狀之一斑》《青海之地理環境》等文時，對《清稗類鈔》
　　　　等古籍文獻中相關內容多所引用。故《清稗類鈔》等古籍文獻對《青海誌略》
　　　　漫漶文字的校勘頗有助益。

山涉水」、「診治」誤作「疹治」等，在誤字之後，用「〔　〕」以楷體注出擬改之字，並出校記，以備參考。

　　六、關於書中民族譯名用字。如札薩克，時而寫作「札薩克」，時而寫作「扎薩克」；又如扎陵湖，舊譯作「札陵湖」，亦作「扎陵湖」。規範起見，「扎薩克」一詞，今以《青海百科大辭典》為準〔註27〕，統一校定為「札薩克」；「札陵湖」一詞，今以《青海百科大辭典》為準〔註28〕，統一校定為「扎陵湖」，以便今人理解。其餘諸地名，或「扎」或「札」，名稱各異，未便盡皆統一，為尊重前人原譯名用字起見，不作更改。

　　七、原志引用前人文獻中時多有脫字、奪文，影響文意者，參照引書文獻一一補全，所補脫文用「〔　〕」表示，並用楷體。

　　八、關於衍字，以「｛　｝」表示，並出校記，以備參考。

　　九、原文有顛倒竄亂無法通讀者，參考引書文獻進行乙正，用楷體表示，並在校記中說明依據。

　　十、原書第三章《青海之地理環境》第二節《地勢》中山脈、高度和第六章《青海各民族分布之狀況》第四節《藏族》中「黃河南岸駐牧各族一覽」下《責成循化縣代管者二十三族》、《責成貴德縣代管者十一族》僅作臚列，今依照全書體例改以表格形式體現，便於閱讀。

　　十一、書中介紹地方民俗或土特產時，語句優美，極富文采〔註29〕；書中有些建議，至今仍具參考價值〔註30〕。對此均以黑體標示，以便讀者閱讀時予以注重。

　　十二、原書文中「總理」、「總裁」、「國父」諸字前有空格，係近現代文獻

〔註27〕譚其驤先生主編《中國歷史地圖集》第八冊《清時期》，涉及「札薩克」一詞時，或「扎」或「札」，未作統一。如「札薩克圖汗部」，《清時期全圖（一）》作「扎」，《清時期全圖（二）》作「札」，《烏里雅蘇臺》又作「扎」。故以嚴正德、王毅武主編《青海百科大辭典》（中國財政經濟出版社，1994年）為準。

〔註28〕民國時期《青海省》地圖，涉及「扎陵湖」一詞時，或「扎」或「札」，亦不統一。如青海建省前《甘肅 西套蒙古及青海》地圖作「扎陵湖」，又有《青海》地圖作「札陵湖」，建省後地圖用字亦不統一。故以嚴正德、王毅武主編《青海百科大辭典》（中國財政經濟出版社，1994年）為準。

〔註29〕如第五章《經濟概況》「牧業」部分敘述犬：「每晨放牧牛羊群時，必攜二犬。一前導探道路，一後隨為殿。牲畜所止，兩犬登山瞭望無停止。遇行道者輒狂吠，使主人知有所防。野番住劫牲畜，乃能嗜其人墮馬下。機警猛捷，雖數勇夫不能御之。歸則臥於牲畜之旁，片刻不離，與牛羊亦相依為命。」

〔註30〕如第五章《經濟概況》敘述「漁業」部分：「青海各河流中，有如此繁多易捕之魚。如能就地設廠，製造罐頭，以運輸於中部各省，將來漁業前途有厚望焉。」

中文書寫中為表示對孫中山先生及蔣中正先生的尊敬而使用的「挪抬」格式，是封建等級社會裏對國家元首、軍閥、黨魁大搞個人崇拜的官僚主義思想的體現，今統一不作保留。

本書注釋凡例如下：

第一，中國古代民族介紹。凡在原文中出現古代民族，如丁零、析支、回鶻、党項等，皆作簡明系統的介紹，以便瞭解當時背景。

第二，歷史人物介紹。原文中出現人物一般均作介紹，如生卒年、字號、籍貫、主要事蹟等，多數情況下不作主觀評論。

第三，地名注釋。一些地名的注釋採用了學術界研究的新成果。一些地名因缺乏翔實、可靠的參考資料，便未勉強作注。

第四，學術爭論觀點介紹。對一些重要而有意義的爭論問題，如白蘭、柏海地望等，把各家觀點一一列出，以便使讀者瞭解研究動態。

第五，對歷代帝王年號紀年和民國紀年，均加注公元紀年。

第六，對原文中出現的一些生僻字，加現代漢語拼音並注釋。

第七，本書注釋所引前人研究成果，皆標明專著者姓名或論著題目。

國民政府時期，無論是南京國民政府時期，還是重慶國民政府時期，行政院蒙藏委員會、考試院、軍事委員會、監察院等陸續派調查團來青海做實地調查。調查團的成員，都是當時卓有名望的才子志士，沒有貪贓受賄或諂媚地方勢力的官場惡習，故其調查報告頗為翔實。特摭輯價值較高、較為典型、影響較大的文獻數種予以整理〔註31〕。此外，尚有民國稀見方志文獻二種，頗具史料價值，與《青海誌略》相補益，今亦細加校勘，與上述調查報告一併付梓。

《奉派赴青海省監視祭海慰問蒙藏人民經過報告書》，民國二十一年（1932）由蒙藏委員會總務處處長、祭海專員陳敬修〔註32〕撰寫。民國二十

〔註31〕青海早期調查報告，還有朱繡的《青海調查情形》、譚克敏的《青海之實地視察》、戴愧生的《監察使戴愧生視察報告：青海省（附表）》以及日本外務省調查部編的《新疆青海踏查記》等。其中，《青海調查情形》迄今未見；《新疆青海踏查記》在中國大陸今已鮮見；《青海之實地視察》《監察使戴愧生視察報告：青海省（附表）》分別刊於《時事月報》1921 年第 7～12 期、《監察院公報》1935 年第 53 期，然查找未果，故未能收入。

〔註32〕陳敬修（1894～？）：四川華陽（今成都市雙流區）人。畢業於成都高等師範學堂。1926 年選任西山會議派中國國民黨候補中央執行委員。1932 年至 1935 年任蒙藏委員會總務處處長。1938 至 1940 任國民政府考試院秘書。1940 年被聘任為第二屆國民參政會四川參政員。1932 年曾任蒙藏委員會祭海專員，撰有《奉派赴青海省監視祭海慰問蒙藏人民經過報告書》。

一年，為穩定西北局勢、撫慰蒙藏首領，國民政府蒙藏委員會委員長石青陽呈上行政院派員監視青海祭典禮事報告後，行政院派陳進修為監視祭海大典專員，蒙藏委員會蒲劍鳴為贊襄，前來青海祭海。事後，據其經過撰寫成調查報告，上呈蒙藏委員會，即為是書。目前，僅存民國二十一年南京蒙藏委員會油印本，今藏北京大學圖書館、國家圖書館。青海省圖書館藏有膠卷〔註33〕，據國圖藏油印本複製。1933 年 1 月 20 日以《奉派赴青海監視祭海慰問蒙藏人民經過報告》為題發表在《蒙藏旬報》第 9 卷第 1、2 期。全文原分六章，分別為旅程及經過情形、民族及其分布情形、青海政治及經濟、青海宗教及教育、結論，其中第二章因關涉秘密未付印。在結論中，陳敬修提出開發青海蒙藏地區的六項建議，迄今頗具價值。今據國家圖書館藏油印本整理，■代表漫漶不清，闕文處依原文留白。

　　《敬告青海同胞書》，是考試院院長戴傳賢於民國二十三年（1934 年）四月來青時發表的講演。1934 年元月，國民政府軍事委員會委員長蔣中正授意朱紹良發起組織西北建設促進會，以甘肅省主席朱紹良、寧夏省主席馬鴻逵、青海省主席馬麟、師長胡宗南、鄧寶珊等三十餘人為委員，並呈請中央備案。同年四月十五日，在「開發西北」的口號下，戴傳賢受蔣中正之指使，以視察交通、水利、農業和教育，為開發西北做準備為名來青。隨同前來的有水利專家王應瑜，德國特許工程師、陸地測量總局顧問巴爾格。十七日，西寧各界召開數萬人的歡迎大會。戴為籠絡地方勢力，以《敬告青海同胞書》為題，發表了一番極為親切友好的講話，促進了南京中央政府與地方青馬政府及宗教勢力之間的緊密關係，影響頗大。文稿初見於《捐贈青海省圖書館圖書目錄》卷首〔註34〕，但印刷出線，多有脫行。青海省圖書館藏抄本，署「民國二十三年」，內容較為完整，與《圖書目錄》本對校，除個別字句脫漏外幾乎完全相同，或與《圖書目錄》同一底稿抄出。今以兩本互校，進行整理。

　　《青海調查報告》，是民國二十八年（1940 年）軍事委員會委員長天水行營組織西北實業調查團來青調查後，由陪同參加調查的陝西省臨時參議會參議員馬凌甫整理的調查報告。是書保存了青海自馬步芳當政之初青海的許多真實情況，其史料價值彌足珍貴。由於其書印刷漫漶之處頗多，竟至不忍卒讀

〔註33〕青海省圖書館編《館藏青海文獻目錄》（青海人民出版社，1988 年）第 30 頁，
　　　　索書號 D693.72 / 2。
〔註34〕見〔民國〕許文藻等編《捐贈青海省圖書館圖書目錄》，1934 年青海印刷局。

之狀。這也是校者平生所覩青海地方史志文獻資料中最為漫漶的一種〔註35〕。原本藏於浙江大學圖書館〔註36〕。整理是書，先據北京聯合出版有限責任公司影印的《近代青海考察記和調查資料彙編》本（第十四冊）整理，後幸而發現國家圖書館網上有上海圖書館藏《青海調查報告》電子版，掃描頗為清晰。雖仍有個別字詞漫漶，無法辨識，但比之《近代青海考察記和調查資料彙編》本，則清晰多矣。今復作辨識整理，■代表漫漶不清，□表示原本缺字。

　　《視察青海調查報告》是民國三十五年（1946年）監察院甘肅寧夏青海監察區監察使秘書厚佑仁〔註37〕受監察使高一涵委派來青視察並調查一般情形時所撰寫的調查報告。自民國二十七年（1938年）5月至民國三十六年（1947年）7月十年間，監察院甘肅寧夏青海監察區監察使多次視察青海省政治、教育、建設、司法等情形，並撰有詳細報告。民國二十七年（1938年）5月11日監察院甘肅寧夏青海監察使嚴莊來青視察；民國三十年（1941年）4月7日監察院甘肅寧夏青海監察區監察使署來青巡視；民國三十二年（1943年）12月20日甘寧青監察使高一涵來青視察青海省政治、教育、建設、司法等情形；民國三十四年（1945年）11月20日，甘寧青監察使高一涵再次來青視察青海省政治、教育、建設及駐青國軍騎兵和五軍奉令移防新疆等項情形；民國三十五年（1946年）12月，甘寧青監察區監察監察使署派秘書厚佑仁赴青海視察調查一般情形；民國三十六年（1947年）7月，甘寧青監察區監察使鄧春膏〔註38〕

〔註35〕整理是書時，部分書頁漫漶不清處高達百分之九十以上，幾乎近一半內容不可辨識。翻檢資料，勞神費思，十分艱難。試想以鄙一人之微力，換得後來人之便利，又何嘗不值。恒以此自勖。

〔註36〕因中國大陸高校圖書館不對社會群眾開放，尚難查閱，故未知其原本是否亦漫漶如斯。

〔註37〕厚佑仁：生卒年不詳。時任甘寧青監察區監察監察使署秘書，撰有《視察青海調查報告》。時有《青海之祭海考》之作者「佐仁」，疑或與「厚佑仁」為同一人。

〔註38〕鄧春膏：字澤民，青海省循化縣人。1921年7月從北京大學畢業，次年考取留美官費生，考入斯丹佛大學。1924年，獲文學士學位，次年又獲碩士學位。之後，考入芝加哥大學，攻讀教育哲學。1928年，獲博士學位。1936年，鄧春膏為了抗議教育部對甘肅學院系科設置的不合理撤並，憤而辭職。但是他在極端困難的條件下，為把甘肅唯一的一所大學蘭州大學維護下來做出了重要貢獻。1938年至1940年期間，被聘為甘肅學院教授兼文史系主任。1940年冬至1947年4月，由監察院長于右任委任為監察院監察委員。1947年5月至1948年8月，由監察院長于右任委任為監察院甘寧青監察使。1948年9月，被聘為國立蘭州大學教授。新中國成立以後，先後任甘肅省委駐會常委兼秘

由蘭州赴青海省視察及調查地方自治、農林、水利、工礦、公路、教育、田賦、稅捐、司法、合作、軍隊風紀、地方治安及宗教等情形。其中，高一涵《視察青海政治教育建設司法等情形呈監察院報告〔註39〕》《視察青海省政治教育建設及騎五軍移防新疆等項情形呈監察院報告》、厚佑仁《視察青海調查報告》與鄧春膏《青海視察報告》尤具價值。厚佑仁《視察青海調查報告》為其赴青海視察調查一般情形時所作報告，分政治、教育、建設三方面詳加敘述。報告原件藏南京，青海省圖書館於 1963 年抄自南京史料整理處檔案（八）30，抄錄「尻」（原）、「让」（建）、「芝」（藏）、「祘」（算）、「另」（零）、「弗」（費）等字皆用二簡字〔註40〕。甘肅省圖書館藏有據青海省圖書館編油印本。今據青圖抄本整理錄入。抄本中二簡字的處理，均改為正體字。

《青海視察報告》是民國三十六年（1947 年）7 月，鄧春膏來青視察及調查地方自治、農林、水利、工礦、公路、教育、田賦、稅捐、司法、合作、軍隊風紀、地方治安及宗教等情形時撰寫的報告。鄧春膏被國民黨中央監察院院長于右任任命為監察委員時，不畏強權，揭發奸貪，頗受百姓愛戴和好評。在任期間，他輕車簡從，視察政情，先後視察了民和、樂都、西寧、湟中、永登等地，為民伸張正義。《青海視察報告》便完成於其任監察委員視察青海期間。報告原件藏南京，青海省圖書館於 1963 年抄自南京史料整理處檔案（八）30，抄錄「让」（建）、「艹」（草）、「芝」（藏）、「沅」（源）、「枏」（構）、「弗」（費）、「另」（零）、「欠」（歉）等字皆用二簡字。是書著錄於青海省圖書館藏、甘肅省圖書館 1977 年 11 月編《青海地方文獻書目（初稿）》第 137 條。甘肅省圖書館藏有據青海省圖書館編油印本。今據青圖抄本整理錄入。抄本中二簡字的處理，均改為正體字。《視察青海調查報告》《青海視察報告》等資料由青海省圖書館老一輩圖書館員於 1963 年摘抄自南京史料整理處檔案，對瞭解和研究民國時期青海省社會政治狀況有著很高的參考價值。

書組組長、社會聯合工作委員會主任委員等。1976 年 4 月 7 日，因心血管病突發而逝，享年 76 歲，葬於韓家坪公墓。

〔註39〕青海省圖書館檢索系統作《甘寧青署視察青海省政治教育建設司法等情況》，油印本 3 冊，或包含《視察青海省政治教育建設及騎五軍移防新疆等項情形呈監察院報告》等，索書號：D693.1／3。2022 年 7 月 9 日詣青圖借閱時，因被用於圖書館電子數字資料製作或受政策因素（館方受上峰通知，涉及馬步芳時期相關內容的民國文獻一概要求下架）影響，暫時下架，未能提供，故未收入。

〔註40〕指中國文字改革委員會 1977 年 12 月 20 日發表的《第二次漢字簡化方案（草案）》中的簡化字，1986 年 6 月 24 日根據國務院通知正式廢止。

　　《甘肅西南青海東南邊區蒙藏族志略》是民國時期陳其年〔註41〕撰寫的一種甘青蒙藏民族專志，極為稀見。是書僅存抄本〔註42〕，發現於超星系統，館藏地未知〔註43〕。經查考全書，其撰成時間當在 1942 年〔註44〕。正文分甘肅西南邊區蒙藏族、青海東南邊區蒙藏族、一般情況三部分，「一般情況」又分為風俗、生活、習慣、語言文字、生產、氣候六方面敘述。全志內容簡括扼要，以圖表為主，記敘較為可信，對研究民國時期甘、青二省蒙藏族歷史、社會、民俗、地理分布等具有重要價值。今據超星所見抄本予以整理。

　　《青海紀略》是青海文史學者魏明章〔註45〕撰寫的一種青海歷史簡明讀本。經考，成稿時間當在 1943 年至 1945 年間〔註46〕。是書共五部分，前有

〔註41〕陳其年：生平不詳，民國時人。僅見《甘肅西南青海東南邊區蒙藏族志略》一本傳世，書前有「陳其年敬獻」字樣。

〔註42〕其書雖有刪改之跡，然音同、形近而訛之字頗多，當非原稿，實為抄本。

〔註43〕曾諮詢超星資源客服平臺，據其 2023 年 3 月 7 日回覆郵件稱，沒有查到具體來源。

〔註44〕今考書中有「現任嘉木樣佛……今年三十六歲」之說。按五世嘉木樣活佛降生於 1916 年，圓寂於 1947 年，世壽卅一歲。疑「三十六歲」（對應 1951 年）當為「二十六歲」（對應 1941 年）之訛誤。是書《洮岷路保安司令所轄各旗人馬槍枝表》附記有「本表一切數字係二十九年調查所得」之語，「二十九年」即 1940 年。書中又有關於「僧綱馬輟霄」的記述，按國史館藏《內政部檔案》（檔號待查），馬輟霄被委任為臨潭縣嘛呢寺僧綱是在 1941 年 2 月 20 日。故推測成書時間當在 1941 年以後。又是書《臨潭侯僧綱所屬番族表》附注有「以上臨潭縣土司、僧綱，於去歲合編為同仁鄉」之語。按 1941 年民國政府改土歸流，臨潭縣政府將境內的土司僧綱所屬部分藏族村莊合編為同仁鄉。故可進一步確定成書於次歲，即 1942 年。

〔註45〕魏明章（1920 年～2018 年）：青海省西寧市人。建國前，曾在《青海日報》上主編《沙陀》《海陽》等文藝副刊及《鄉土園地》。建國後，長期致力於青海地方史志的整理和研究工作。歷任西寧市政協第七屆至第十一屆（1983～2001 年）委員及政協文史資料委員會副主任，參與主編《西寧市志》。出版青海地方史志專著《青海歷史紀年》《青海塔爾寺志略》《青海塔爾寺大事記》《古今西寧》《青海·西寧地區建國後碑刻資料選編》等，整理出版了《青海事宜節略》等青海地方文獻。

〔註46〕按是書《緒言》中有「當此抗戰■■之際」，可證成稿時間當在 1945 年之前。是書《疆域之沿革》中敘及「後以人煙日多，增設玉樹、都蘭、共和、寶（亹）源、同仁、互助、民和、囊謙、同德、稱多等縣」。按上述諸縣，惟稱多置縣最晚，於民國二十六年（1937 年）由玉樹縣析置。又提及「此外，又置七設治局：（一）海東設治局。（二）祁連設治局。（三）通新設治局。（四）香日得設治局。（五）興海設治局。（六）瑪沁設治局。（七）阿什羌設治局。」按以上七設治局分別設置於 1940 年 1 月（海東設治局）、1939 年 11 月（祁連設治局）、1939 年 5 月（通新設治局）、1943 年 5 月（香德設治局）、1939 年（興

《緒言》，約四千餘字，內容主要涉及青海之疆域沿革、民族分布、宗教信仰、文化意義、山川形勢等。《緒言》敘自漢武開邊至民國間青海發生的大事，言青海地理位置之重要。正文第一部分為《疆域之沿革》，敘自先秦時氐、羌來朝，至民國設府置縣，凡歷代沿革，均有收錄。第二部分為《民族》，敘青海省主要民族蒙古族、藏族、土族、回族（又包含哈薩克族、撒拉族別支兩種）等少數民族及漢族。第三部分為《宗教》，敘蒙藏所信仰之黃教、回部信仰之伊斯蘭教、土族宗教及漢族宗教。第四部分為《文化》，敘青海在溝通歐亞文化方面所起之作用。第五部分為《山川形勢》，敘青海境內崑崙山、巴顏喀拉山、黃河及諸江河源頭。該書於部族來源、居處皆有考證，但內容訛誤之處甚多，使用時需參稽他書。凡校者隨文校補，則以「鐵按」二字標示。原書為民國抄本，今所未見，然收入《中國西北文獻叢書》（見第一百四十一冊）〔註47〕。此次整理則以此為底本（闕文處依原本用□表示），並附《魏明章先生著述目錄》一份〔註48〕。

　　關於地方文獻，近代著名出版家張元濟先生有言：「觀喬木而思故家，考文獻而愛舊邦。」充分表達出鄉邦文獻對愛鄉與愛國情懷養成的重要意義。

　　青海地方文獻的整理，主要開始於十一屆三中全會「思想解放」以後。吳豐培先生編校、青海人民出版社於 1981 年出版的《豫師青海奏稿》是第一部從現代意義上進行新式整理的青海地方史料文獻。此後，主要有兩次集中整理。

　　　海設治局）、1940 年（西樂〔瑪沁〕設治局）、1941 年（哈姜〔阿什羌〕設治局），惟香德設治局為最晚，於 1943 年 5 月由都蘭縣析置。又於 1945 年 12 月裁廢，地人都蘭縣。另外，海東設治局，後改名為海晏設治局，1943 年升置為海晏縣，而書中未載，依舊載之為原置「海東設治局」。由此可推測，成書時間當在 1943 年，應不晚於 1945 年。

〔註47〕吳堅主編《中國西北文獻叢書》有一缺點，就是對所納入影印的每一種文獻的扉頁背面沒有一個規範的牌記。按其《出版說明》，僅對納錄的重要版本「附有原版本板框尺寸」，並沒有標明影印所依據的版本信息，這對文獻版本相關研究工作者和愛好者而言，究其利用價值有限。所以，相關研究工作者正經查閱資料，不建議用《中國西北文獻叢書》。除非如《青海紀略》等孤種資料，無底本可參，權且用之。

〔註48〕校者常去青海省圖書館地方文獻室查閱資料，嘗聽地方文獻室柴老師講：「以前有個清瘦的老頭，為人和藹，長年累月來這裡看書找資料，很認真的。他叫魏明章，可惜已經謝世了。你是第二個我見過的常來這裡、對地方文獻查閱很認真的讀者。」聞之，令人搤腕不已。逝者已矣，知交難逢。餘生亦晚，未能求教先生於生前，實乃人生憾事。惟有繼先生遺志，稍盡綿薄之力，以報先生於九霄之上。故特整理《魏明章先生著述目錄》一份，附諸抄。

一次是上世紀八十年代末至九十年代初，根據中共黨中央、國務院關於整理我國少數民族古籍的指示精神，由青海省民族宗教事務委員會少數民族古籍辦公室規劃整理，由老一輩青海文史學者整理校注，青海人民出版社、青海民族出版社付梓出版的《青海少數民族古籍叢書》。主要有王繼光先生輯注和校注的《西寧衛志 西寧志》、吳均先生校注的《西藏六十年大事記》（附《海藏紀行》）、蒲文成先生譯注的《佑寧寺志（三種）》、馬忠先生等整理的《青海地方舊志五種》（包括《青唐錄》《碾伯所志》《丹噶爾廳志》《大通縣志》《貴德縣志稿》）、魏明章先生標注的《青海事宜節略》（含素納《青海衙門紀略》、文孚《湟中雜記》）、宋挺生先生校注的《那彥成青海奏議》等。此外，還有青海著名歷史學者李文實老先生整理校注的《西寧府新志》和《西寧府續志》單行本〔註49〕。

　　第二次是 2015 年至 2020 年由青海人民出版社策劃出版的《青海地方史志文獻叢書》。這是青海省自上世紀八九十年代《青海少數民族古籍叢書》之後又一套收錄青海古近代地方史志文獻的整理叢書，也是偏重於青海地方史志相對比較系統的一次，但其所收錄文獻除《循化廳志〔註50〕》《李土司家譜

〔註49〕 李文實先生是我國著名歷史學家顧頡剛先生的得意門生，因與馬步芳之子馬繼援關係密切，於上世紀 50 年代以「反革命罪」蒙冤入獄。其讀書筆記與十餘年日記，亦均毀於「文革」中。至 80 年代宣告無罪釋放後，聘請為青海民族學院教授，並校點完成了《西寧府新志》和《西寧府續志》。然不知出於何因，二書出版時，書封、扉頁均未署先生之名（僅在二書《出版說明》致謝語中提及）。故鮮為人所知，頗為青海文史界一件憾事。

〔註50〕 《循化廳志》：原刻本題「循化志」，八卷，清乾隆五十七年（1792 年）龔景瀚任職循化廳同知時纂修。卷前有城池圖、廳署圖、文廟圖，卷首無序跋、凡例。正文分建置沿革、分野、形勝、疆域、山川、古蹟、關津、城池、營汛、兵糧、官署、倉廒、學校義學、驛站、族寨工屯、官師、土司、祠廟、寺院、人物、水利、農桑、鹽法茶法、經費、風俗物產、夷情、回變等，未立藝文目，共八卷二十八目。

按全國古籍普查登記基本數據庫顯示，唯有現存蘇州圖書館藏原稿本、復旦大學藏抄稿本著錄為《循化廳志稿》。蘇館原稿本僅存卷三（按《甘肅省藏古代地方志總目提要》作「卷一」，誤）、卷五、卷六、卷七，其中卷三首尾已殘，蒙蘇州市圖書館古籍部卿老師提供圖影，見卷五署題有「循化廳志稿」。可見是書並非「廳志」定本，而是龔氏任循化廳同知時撰修「廳志」的稿本。

1958 年鄧衍林編《中國邊疆圖籍錄》第 174 頁「青海」部分著錄有「《循化廳志》八卷，《澹靜齋全書》本（上海徐家匯天主堂藏書樓藏）。然遍考諸文獻數據庫，未見有《澹靜齋全書》，而國家圖書館等處藏有《澹靜齋全集》二十四卷，僅含七種，即文鈔六卷、文鈔外篇二卷、詩鈔六卷、祭儀考四卷、說禋二卷（含圖一卷）、邶風說二卷、離騷箋二卷，未有「循化廳志」。蒙友人陝西師範大學張自春兄襄助查閱，陝西師範大學圖書館藏有《澹靜齋全集》一函十

二冊，亦含七種（按全國古籍普查登記基本數據庫著錄為「六種」，實為七種），與國圖等處所藏無異，亦未見「循化廳志」。

1987 年陳光貽編《稀見地方志提要》「青海」部分著錄有「《循化廳志稿》八卷，舊抄本（徐家匯藏書樓藏）」，並認為「是志為《循志》未刻前之初稿」。該書與《中國邊疆圖籍錄》所著錄《循化廳志》當為同一藏本。按徐家匯天主堂藏書樓現已併入上海圖書館，檢索上海圖書館古籍目錄，確有「循化廳志稿八卷，傳抄本」（索書號：線普徐 132），滬圖官網顯示今藏上海圖書館古籍閱覽室（按：滬圖官網著錄有誤。據滬圖文獻服務部 2023 年 3 月 9 日回覆郵件稱，該本藏於徐家匯藏書樓）。而上圖所藏《循化廳志稿》八卷，即《中國邊疆圖籍錄》所著錄《澹靜齋全書》傳抄本，僅此一種，與國圖、陝師大等藏《澹靜齋全集》刻本明顯非同一叢書。

按全國古籍普查登記基本數據庫及相應圖書館官網顯示，北京師大圖書館藏清嘉慶循化縣縣署（按循化廢廳改縣，時至民國二年，故應為「循化廳廳署」）刻本（初刻本，有抄配），甘肅省圖書館藏清嘉慶刻本（初刻本），國家圖書館藏清道光刻本（重刻本），福建省圖書館、勉縣圖書館藏清刻本（版本待考），溫州市圖書館藏清抄本，俱題「循化志」，並無「廳」字。可見梓行時，書題當為《循化志》無疑。

清代撰修方志，諸省多請設通志局，各府、縣也有相應的方志局。府、縣方志多呈報省志局准可，方可存縣鏤版，以代表官修。有清一代，官修方志多以「府志」、「縣志」、「廳志」題署。而《循化廳志稿》於嘉慶間由循化廳廳署刻印刊行時，龔景瀚已於乾隆五十九年（1794 年）去職循化，故付諸剞劂時，去「廳」字，以示不代表官修。後經清李本源校補，於道光二十六年重新刊刻，職官增補至道光間，依舊題名為《循化志》。

而纂修於時局動盪之際的《清史稿·藝文志》，其撰者章鈺等不解其故，且未加細考，遂著錄為「《循化廳志》八卷」。蓋據《循化廳志稿》著錄，而奪一「稿」字，誤作定本。民國時期張維《隴右方志錄》踵其後，亦著錄為「《循化廳志》八卷」，並譽之為明、清兩代隴右方志中之良作。而《中國邊疆圖籍錄》著錄是書時，繼《清史稿》、張維《方志錄》之餘塵，亦脫「稿」字。1968 年民國成文出版社據道光二十四年抄本影印，以《循化廳志》為目。然檢其內頁抄本原文，實為「循化志」，並無「廳」字。其影印底本與溫州市圖書館藏清抄本或為同一版本（按：據今著錄所見，《循化志》抄本可分為前後兩個系統：一是據稿本傳抄本，署題為《循化廳志稿》，一是據刻本傳抄本，題署為《循化志》。溫圖所藏抄本著錄為《循化志》，當係後者。民國成文出版社據道光二十四年抄本影印，早於道光重刻時間，傳抄底本當為嘉慶初刻本。溫圖所藏抄本所據底本是否亦為嘉慶初刻本，則有待詳考），胥據《循化志》刻本傳抄而成。而影印擬目時，卻同受《清史稿》、張維《方志錄》影響，亦去「稿」字，失之草率。

2016 年青海人民出版社策劃出版、崔永紅校注《青海地方史志文獻叢書》本《循化廳志》，所據底本為「中國國際數字圖書館所藏該志原始線裝版本」（2016 年青海人民出版社《循化廳志》「後記」），實為國家圖書館藏清道光刻本電子版，即清代李本源校、道光二十六年重刻本，應依原刻本署題「循化志」為宜，卻沿襲前人擅改之誤，復添一「廳」字，反而有失嚴謹。

三種》二書之外，主要基於對《青海少數民族古籍叢書》中部分非少數民族史志文獻的校訂增補上，且由於校訂者疏失粗率，依然存在諸多問題。

近年來，隨著青海經濟、文化、社會、史地、自然科學研究的迅速深入，一些涉及歷史地理、經濟文化、風土習俗等研究領域的史志文獻仍需進一步挖掘整理，這對弘揚地方優秀傳統文化和今後文化建設具有十分重要的意義。由於眾所周知的原因，整理地方史志文獻「費力不討好」，故而始終乏有人做。比如，青海史學大家李鴻儀老先生，畢數十年之功，輯纂完成《西夏實錄》一書，後經其子李培業先生整理，可補西夏無實錄之闕，史料價值彌足珍貴。可惜，而今李培業先生業已故去，迄今尚未付梓。可以說，青海地方文獻的整理任重而道遠。

青海近代著名教育家楊希堯曾說：「學士大夫動輒說出洋留學，模仿外國人，固然沒有什麼不是；然使不知道自己，縱學得外國，也無濟於事。譬如本國的事物是材料，外國學來的是各種方法。現在連材料還認不清楚，即使有了方法，從何下手呢？〔註51〕」我覺得楊氏這段話是很有道理的。原青海師大老教授聶文郁先生有詩云：「崑崙峨險可為家，滔蕩河湟應種花。」青海尚有許多珍貴地方文獻有待整理。民國時期，青海無完志，而《青海誌略》的整理付梓正可補青海民國無完志之闕，卻迄今無人整理。

另西北民族大學碩士研究生論文有《乾隆〈循化廳志〉研究》（《海外文摘‧學術版》2019 年第 12 期），稱「《循化廳志》現存六個版本」。而其所謂的「六個版本」，除現存蘇州市圖書館的「稿本」、「道光年間清刻本」（按：版本書寫失範，應為「清道光年間刻本」，實為道光間重刻本）、「清抄本」、「民國抄本」外（按：民國抄本若非精校細勘，已無甚價值，故不宜列入），竟然將「影印本」、「1959 年油印本」都算進去矣，甚是可怪。甚至在文中將清代乾隆年間撰寫的《循化志》與民國時期官修（著者姚鈞時任貴德縣長）草撰的《貴德縣志稿》對比其良窳，可謂荒誕至極（按：二書係不同時代，所志之地亦互不轄屬，一為定本，一為稟本，版本性質殊不相同，內容庶無瓜葛，焉能相提並論）。

1981 年青海人民出版社曾據甘圖藏嘉慶刻本翻印（按：甘圖所藏，係嘉慶刻本，確為原刻。以此為底本，可見老一輩文史工作者文獻整理之睿見與學術素養之謹嚴），對原刻本之錯漏作了一定的補正，仿刻本排版翻印（按：1981 年青海人民出版社《循化志》出版說明），題為「循化志」。另有循化半農子陳琇據 1981 年青海人民出版社據甘圖藏嘉慶刻本翻印本校注《循化志》，於 2009 年由循化撒拉族自治縣地方志編纂辦公室印行（惜印行未廣），亦題「循化志」。宜矣。

〔註51〕見《青海風土記》自序，1931 年 8 月新亞細亞月刊社版。

　　有鑑於此，余不揣冒昧寡陋，自 2014 年 10 月始，對《青海誌略》正文逐字錄入電腦，並進行校注整理。因諸種原因時斷時續，迄於 2021 年 11 月方得告竣。若稍能沾溉來學，則不枉此功，亦幸莫甚矣。期間，蒙青海省圖書館地方文獻閱覽室、甘肅省圖書館西北地方文獻室的工作人員提供文獻內閱服務，西寧市圖書館提供「超星」電子資源，友人陳同德博士幫助提供電子資源，友人、陝西師範大學副教授張自春兄幫助查閱資料，無任感荷。承蒙青年學者、復旦大學博士周運中兄薦稿，感莫能言。定稿階段，尤賴友人、高麗大學博士生高爭爭兄匡助審閱全文，青年學者、陝西師範大學副教授胡耀飛博士對文獻整理提出真知灼見，謹此申謝，同時感謝花木蘭出版社的楊嘉樂總編及諸同仁們不憚煩縟，仔細校稿，一絲不苟，令人尊敬。詮才末學，紕繆難免，疏誤之處，懇請識者賜教為盼。

鐵金元

二〇二一年十一月初稿於西寧七一西路寓所

二〇二三年二月修訂

緒　言

　　青海為我國西北、西南之國防要地。幅員廣大，山川壯麗。其動、植、鑛各種物產，種類繁多，量亦豐富，自成一天然產殖場。惟以居民稀少，生活殊異，且地勢高寒，交通不便，內地人士足跡罕到，知者極鮮。

　　新亞細亞學會會員黎小蘇、丘向魯、朱允明等親歷其境，實地考察，以其所見所聞編作《報告書》，寄本會分期發表於月刊。蓋欲喚起國人之注意，致力開發，以為富強之基也。

　　際茲抗戰建國時期，開發邊疆為不可或緩之要政，特將原稿重新整理，錄編成冊，名曰《青海誌略》。國人之研究青海者閱此一卷，即可明其梗概情形，施政方針可不勞而定矣。

　　　　　　中華民國三十二年〔註1〕三月許崇灝於陪都〔註2〕之陶園

〔註 1〕中華民國三十二年：即公元 1943 年。
〔註 2〕陪都：指重慶。

第一章　總　說

　　青海，在甘肅之西南。以境內有大湖曰「青海」，乃我國第一大鹹水湖，因是而得名。全境西界新疆，東北與甘肅接壤，東南一隅界四川，南與西康〔註1〕毗連，西南界西藏。東起西經十四度〔註2〕，西至西經二十六度，南起北緯三十一度，北至北緯三十九度。東西相距一千餘公里〔註3〕，南北相距九百二十餘公里〔註4〕。全省面積七十二萬八千一百方〔一〕公里〔註5〕，人口約四百五十九萬餘〔註6〕，平均每一方〔二〕公里僅得六人強〔註7〕。

〔註1〕西康：民國二十八年（1939年）置，簡稱康，省會雅安。所轄地為今四川甘孜藏族自治州、雅安市、阿壩藏族羌族自治州、西藏東部昌都市等。1955年撤銷，原西康省所屬金沙江以東併入四川省，金沙江以西的昌都地區併入西藏。

〔註2〕清初至民國時期，中國地圖標示經度一度以北京子午線（東經116°39′）為起始零度。下同。

〔註3〕按今青海省東西相距1200km（參張忠孝《青海地理（第二版）》引言第1頁，科學出版社，2009年）。

〔註4〕按今青海省南北相距800km（同上）。

〔註5〕按今青海省面積72.23萬km²（同上）。

〔註6〕此處人口數據失實。據國民政府內政部1943年9月編印的《內政部後方各省市戶口統計》，青海省1942年度有人口1512823人（崔永紅、張得祖、杜長順主編《青海通史》「近代卷」第十六章，青海人民出版社1999年版，第747頁）。據1944年12月內政部統計處編《各省市戶口統計》，民國三十二年（1943年）青海省人口總數為1533853人（曹寧主編《民國文獻資料叢編‧民國人口戶籍史料續編》第一冊，國家圖書館出版社2013年版，第33頁）。

〔註7〕按前注所引文獻數據，1942年人口密度應為2.09/km²，1943年人口密度應為2.12/km²。

省治曰西寧。轄縣十六〔註8〕及蒙古二十九旗〔註9〕、玉樹二十五族〔註10〕、近海八族〔註11〕以及若干土族及撒拉等。蒙族多居於北境，藏族多居於南境，漢、回及土族則錯居於西寧附近各縣。蒙、藏二族皆以畜牧為業，生活情形與漢、回均異。語言則漢、回人民通用北方官話，蒙、藏人民則皆用其固有之方言，惟與漢族接近之人亦有能操官話者。

青海全省南部地勢極高。勒科爾烏蘭達布遜山〔註12〕環其西，唐古喇山〔註13〕屏其南，祁連山亙其北，岷山、西傾山列其東，巴顏哈喇山脈〔註14〕斜貫中央，為長江、黃河兩大川之發源地。東北與西北則形成兩大盆地。東北盆地在青海湖附近，水草豐美，為蒙古游牧地。西北盆地即柴達木河流域之地，亦係低濕之域，頗似古湖涸底，極目荒原，湖地棋布。青海全部均屬高原，平均拔海〔註15〕在一萬尺至一萬三千尺〔註16〕之間。地當崑崙山脈〔註17〕之中支，有高屋建瓴之勢，握全國山脈河流之總樞，其形勢極為重要。

〔註8〕 轄縣十六：即青海省原所轄西寧、大通、樂都（建省時改碾伯縣為樂都縣）、循化、化隆（原巴戎縣，建省時改稱巴燕縣，1931年改稱化隆縣）、湟源、貴德、共和、亹源、玉樹、同仁、民和、互助、都蘭14縣及馬麟統治時期新置囊謙（1933年置）、同德（1935年置）2縣。詳見第四章《青海之自然區域及政治區域》第二節《青海之重要縣市》。

〔註9〕 蒙古二十九旗：詳見第六章《青海各民族分布之狀況》第二節《蒙族》。

〔註10〕 玉樹二十五族：即玉樹地區清末同治以後經分合遷徙演變形成的二十五族，包括囊謙族、扎武族、拉秀族、格吉四族、雜曲諸族、娘磋二族、稱多族、文布族、固察族、拉布族、玉樹四族（玉樹總舉、玉樹將賽、玉樹戎模、玉樹鴉拉四部落）、安沖族、迭達族、隆布族、蘇爾莽族、蘇魯克族、上下中壩二族等。參《青海省藏族蒙古族社會歷史調查》（國家民委《民族問題五種叢書》青海省編輯組編）等文獻。詳見第六章《青海各民族分布之狀況》第四節《藏族》。

〔註11〕 近海八族：又稱「環海各族」，青海湖周圍地區藏族部落的統稱。其實不止8族，主要部落有：汪什代海族、剛察族、千卜錄族、達如玉族、阿曲乎族、都秀族、阿力克族、日安族、曲加族（祁加族）、加咱族、郭密族、素呼咱族、魯哇族、什達武麥倉族等。詳見第六章《青海各民族分布之狀況》第四節《藏族》。

〔註12〕 勒科爾烏蘭達布遜山：為崑崙山脈的中支，橫亙於青海、新疆交界。北脈東延為巴顏喀拉山，南達西藏與唐古拉山相連。

〔註13〕 唐古喇山：今作「唐古拉山」。

〔註14〕 巴顏哈喇山脈：今作「巴顏喀拉山脈」。

〔註15〕 拔海：海拔。以平均海水面做標準的高度。

〔註16〕 一萬尺至一萬三千尺：相當於3330米至4330米左右。按青海平均海拔3500m以上，青南高原超過4200m以上。

〔註17〕 崑崙山脈：即今崑崙山脈。

　　其位置自東南各省觀之，謂為西北；然以全國而論，實據我中華全局之中心。顧以山川險阻，交通梗塞，過去學者論析西北地理者雖眾，而獨於青海則甚略。塞外蒙古二十九旗，僅著於《理藩則例》〔註18〕。海南玉樹等二十五族，荒落僻遠，學者足跡罕至，記載尤稀。蓋自西套、祁連以南，向因蒙古牧場所在，不與內地同治，番族政教亦與內地迥異，加以交通困難，梯航〔註19〕不易，外人亦鮮問津，是以數十年來，滿、蒙、回、藏屢生交涉，而青海獨晏安無事，「世外桃源」何以過之。然而進化之機，亦由是阻絕。

　　夫以青海面積之廣、物產之豐、生殖〔註20〕之富、寶藏之多，而國人乃夢焉無覩〔註21〕，不知經營開發，不知移民墾殖，大好河山淪為荒蕪，貨棄於地，至為可惜。回溯我國前清時代，尚知拓疆闢土，顧及邊防。如左宗棠之經略甘新，趙爾豐之經營西康，吾人追慕先哲籌邊之豐功偉績，不禁感慨繫之。值英〔膺〕〔三〕抗戰建國時期，開發建設刻不容緩。蓋唯有開發建設，而後乃能鞏固國防；亦唯有國防鞏固，而後能進國家於長治久安之坦途也。

【校勘】

〔一〕抄本「方」前有鉛筆批一「平」字，意即「平方」。

〔二〕同上條。

〔三〕英：舊版、新版及抄本俱作「英」，抄本旁注「？」，表疑。當為「膺」之訛。
　　　原書為商務印書館鉛字印刷，鉛字一般按韻排字，此處疑為排字疏忽所致。

〔註18〕《理藩則例》：是清政府治理內外蒙古和新疆、青海等少數民族地區的專門法規。康熙年間始由理藩院敕編頒行，於乾隆五十四年（1789 年）在原基礎上增補彙編而成。

〔註19〕梯航：「梯山航海」的省語。謂長途跋涉。

〔註20〕生殖：願意為孳生、生長。引申為財源。

〔註21〕覩：古通「睹」。

第二章　青海之歷史沿革

第一節　歷代開闢之經過

　　青海一帶，在夏代為西戎，其東北部已隸中國。《禹貢》:「黑水〔註 1〕西河為雍州。」即指今青海省東北部而言。周末，西戎侵入中國，滅王室，一部分戎人散居於甘肅一帶。秦時為西羌，乃犬戎之同種。漢初屬匈奴，惟黃河上游屬羌人。漢武帝置西河郡〔註 2〕，以絕匈奴與羌之往來。置寧〔護〕〔一〕羌

〔註 1〕黑水:古水名，古雍州的西界。關於其地望，古人異說頗多。東漢班固《漢書・地理志》主黨河說（即今青海北部、甘肅西南部之黨河）；唐初孔穎達《書經正義》主甘肅張掖河說（即今甘肅省張掖市的黑河）；唐代李泰《括地志》主青海大通河說；唐代樊綽《蠻書》主西南地區的麗水說（今金沙江）；南宋程大昌主西洱河說；明代李元陽《黑水辨》（中國地學會《地學雜誌》第 176 期滇人《禹貢黑水考》有引）主瀾滄江說；清代陳澧主怒江上源哈拉烏蘇河說，按「哈拉烏蘇」為蒙古譯音，「哈拉」意黑，「烏蘇」意河；近人黃文弼注甘肅疏勒河說。顧頡剛先生以為「黑河」和「弱水」、「南海」一樣都是古代傳說中假想的水。可備一說。

〔註 2〕西河郡:當為「河西四郡」之誤。《後漢書・西羌傳》:「及武帝征伐四夷，……北卻匈奴，西逐諸羌。……初開河西，列置四郡，通道玉門，隔絕羌胡，使南北不得交關。」高爭爭博士認為，西河郡為「武帝元朔四年（前 125 年）置郡，屬 36 縣，參考《（漢）地理志》。即是防止匈奴南下。或原本無誤。」聊備一說。然漢元朔四年置郡，在平定縣（縣治在今內蒙古鄂爾多斯東南），屬朔方刺史部，轄境相當今內蒙古鄂爾多斯東部、山西呂梁山、蘆芽山以西，石樓以北及陝西宜川以北黃河沿岸地帶，不在匈奴與羌之間，與今河西走廊為遙，不能達到「隔絕羌胡，使南北不得交關」之效。故當以「河西四郡」為是。

-27-

校尉〔註3〕於臨羌〔註4〕（西寧東）。趙充國屯田湟中，即今西寧一帶。其西屬燒當諸羌地。

　　新莽時，羌人獻鮮水湖，置西海郡，築龍夾城〔註5〕（即今上郭密〔註6〕之古城）以備之。後漢中葉，築湟中（西寧）、護羌（樂都）〔註7〕二城，西部仍隸諸羌。三國時，西羌強盛，並前後藏而為一獨立國。東晉以後，為東胡族之鮮卑吐谷渾慕容氏所據，勢甚盛，分其國為乙弗〔註8〕、契汗〔註9〕、

〔註3〕護羌校尉：漢朝設在今甘青地區統治羌人的地方高級軍政長官。關於其治所，按崔永紅、張得祖、杜長順主編《青海通史·古代卷》第二章：「西漢時期，護羌校尉治所一直在令居塞，令居塞是隴西、河湟通往河西走廊的重要津道，所以常駐重兵。」東漢恢復護羌校尉建置後，治所仍在令居縣城。直到漢明帝永平元年（58年），遷治狄道（今臨洮縣）。（參馬玉潔《兩漢護羌校尉府治所遷徙考述》，《哈爾濱師範大學社會科學學報》2016年第4期）《後漢書·西羌傳》：「（元平元年）以謁者竇林領護羌校尉，居狄道。」至漢章帝建初元年（76年），「復拜故度遼將軍吳棠領護羌校尉，居安夷。」安夷，按《中國古今地名大辭典》：「漢置。故城在今甘肅西寧縣東七十里」。又「臨羌縣」詞條下：「其（護羌校尉）先屯安夷，……在西寧縣東。」即今海東省海東市平安區。原作者注「西寧東」，當指「安夷」。又載：「（建初二年），武威太守傅育代為（護羌）校尉，移居臨羌。」臨羌，按《中國古今地名大辭典》：「漢置。故城在今青海西寧縣西。」東漢時一度為護羌校尉府治所。城址即今西寧市西湟中縣多巴鎮多巴村北破塌古城。

〔註4〕臨羌，原作者注「西寧東」，誤。當為「西寧西」。詳見註9。

〔註5〕龍夾城：即「龍支城」，又作「龍耆」、「龍夷」。「夾」，應為「支」、「夷」之訛。故址即今海南藏族自治州海晏縣境內西海郡故城遺址。王莽時為西海郡治，東漢時為西部都尉治。

〔註6〕郭密：環海各族部落之一，後分化為上郭密、下郭密、中郭密族。上郭密駐牧在今共和縣東部曲溝一帶地區。參周全福《藏族郭密部落歷史演進》，見《青海民族研究（社會科學版）》2003年1月，第14卷第1期。

〔註7〕護羌：城址在今青海湟源西南藥水峽中。據《西寧府新志》之《地理志·古蹟》載：「護羌城，在（西寧）縣西南。故護羌校尉治，在臨羌縣故城西南。漢章帝建初二年，以武威太守傅育為護羌校尉，移居臨羌，即此城也。」按民國文人周希武考證，當在今藥水西岸察罕素莊附近（見《玉樹調查記》青海人民出版社，1866年，140頁）。青海地方史家王子貞也認為，當在今日月鄉兔爾幹、克素爾至和平鄉茶漢素間的藥水（即古羌水）之西（見《漢臨羌縣建置及地理位置辨》）。兩說頗合。原作者注「樂都」，誤。

〔註8〕乙弗：即乙弗勿敵國。南北朝鮮卑族部族政權，為吐谷渾所屬之別部。於東晉隆安年間（397年～401年）遷徙至青海湖一帶定居游牧，建立部落政權。地處青海湖濱，位於南涼之西、吐谷渾北。其首領世稱青海王。風俗與吐谷渾同。南北朝宋文帝元嘉元年（429年）降並於吐谷渾王國。關於其國社會狀況，史籍記載不完整。聰詰《乙弗勿敵國始末》作了詳細探討，載《青海社會科學》1991年第6期。

〔註9〕契汗：即鮮卑契汗氏。原為西部鮮卑之一支。曾牧於祁連山南麓今海北藏族自治州東部地區。後遭禿髮氏討伐，遠徙於今柴達木東、中部地區。後並於吐谷渾。

白蘭〔註10〕三部。是為異族侵入之始。南北朝時疆域更廣，岷江上游諸羌，悉附於吐谷渾。其後岩〔宕〕〔二〕昌羌〔註11〕強，足與吐谷渾抗。隋大業五年，命裴矩〔註12〕擊平吐谷渾，而設西海（在科錄古〔註13〕迤東）、河源（在可可烏蘇地方）二郡，治伏俟、赤水〔註14〕二城以備之。隋末，吐谷渾復據其地。

〔註10〕 白蘭：西羌的一支，因居地有白蘭山而得名。南北朝時期建立部落政權。其地東北接吐谷渾，西北至利模徒，南界那鄂。風俗與宕昌同。十六國南北朝時期，曾是吐谷渾的屬國。當吐谷渾遭近鄰進攻時，白蘭成為吐谷渾人戰略撤退的安全後院。北周時始興盛。唐初為吐蕃兼併。關於其地望，歷來異說頗多。近年來學術界有以下數種觀點：(1) 青海、四川之間說。以顧頡剛《史林雜識‧白蘭》初編為代表，認為白蘭的疆域在青海、四川間，當在西傾山之西。當代學者龐琳在《白蘭國的位置及其交通路線——兼與白蘭在柴達木巴隆一說商榷》（見《青海社會科學》1992 年第 3 期）一文中進一步考證說其地東北起於布爾汗布達山東端——今青海省海南藏族自治州興海縣從切吉河出大河壩時翻越的山脈，西至玉樹藏族自治州的加吉博洛格，南到四川甘孜雅礱江上游支流鮮水兩岸的爐霍。(2) 四川北部說。日本藏學家山口瑞鳳《白蘭與松巴的郎氏》、任乃強、曾文瓊《吐蕃地名考釋》持此說。(3) 通天河上游說。吳景敖《西陲史地研究》持此說。(4) 青海南部說。譚其驤主編《青海歷史地圖集》第五分冊將白蘭定在甘德、達日一帶，另有李文實《白蘭國址再考》（《青海社會科學》1984 年 01 期）等文章也主張此說。(5) 柴達木盆地東南沿說。王仲犖《魏晉南北朝史》、郭沫若主編的《中國史稿地圖集》主此說。日本學者松田壽男《吐谷渾遣使考》、黃文弼《古樓蘭國歷史及其在西域交通上之地位》、周偉洲《白蘭考》等皆認為白蘭國址在今柴達木盆地南沿的布爾汗布達山。

〔註11〕 宕昌羌：古代三苗之後裔。分布於岐（今陝西岐山東北）、隴（今甘肅境內）、漢川以西，西通西域（今陽關、玉門關以西），南北數千里。北魏太武帝時內附。北周武帝保定四年（564 年）為周所滅。

〔註12〕 裴矩（547～627）：字宏大。隋唐時期政治家、外交家、戰略家、地理學家。初仕北齊。入隋，任吏部侍郎。曾打敗吐谷渾，拓地數千里，以勞加右光祿大夫。後以忤旨解職。宇文化及僭位，以為河北道安撫大使。旋為竇建德所得。建德敗，歸唐，累遷至民部尚書。著有《西域圖記》三卷、《開業平陳記》十一卷。《舊唐書》有傳。

〔註13〕 科錄古：又稱「柯爾洛果」，在今青海省海西蒙古族藏族自治州德令哈市西。參見周振鶴主編《中國行政區劃通史‧中華民國卷》第二十二章第 430 頁，復旦大學出版社 2007 年版。

〔註14〕 赤水城：吐谷渾四大戍地之一。隋煬帝大業五年（609 年），隋攻敗吐谷渾後新置，隸河源郡。轄區大致為大河壩以南的今海南藏族自治州興海縣及黃南藏族自治州、果洛藏族自治州北部等地區。隋末縣廢，地復入吐谷渾。其地望異說頗多。民國史地學者吳景敖《西陲史地研究》認為在今青海省海南藏族自治州興海縣境內（鐵按：此說較為確，其治所當在今青海省海南藏族自治州興海縣唐乃亥鄉夏塘古城）。近代民族史學家、藏學家吳景敖考定赤水即青根河（今大河壩河），赤水城疑即青根河與塔拉河匯合處。日本東方學者松田壽男

煬帝西巡像

校者攝於青海西寧北川濕地公園

　　唐初，李靖、侯君集等征吐谷渾。靖軍破天柱王部落於赤海〔註15〕（達布遜泊〔註16〕），次且末城〔註17〕。君集軍經月行空荒千里，次星宿川，達

《吐谷渾遣使考》指出赤水有二地，一是隋所置河源郡治下的赤水縣，在今青海省興海縣北；另一個是赤水城，亦稱洮州東城，在今甘肅省岷縣東。周偉洲《吐谷渾資料彙編》採其說。日本藏學家佐藤長《吐谷渾的根據地》考證赤水即在曲溝注入黃河的烏蘭布拉克河，赤水城亦即西魏改名的樹郭城，即烏蘭布拉克河畔的恰卜恰。也有學者認為，赤水在隋以前在恰卜恰東南，隋以後在興海縣境內。

〔註15〕赤海：或作赤水源，亦作赤水川，均係漢語。即今海西蒙古族藏族自治州境內東、西達布遜湖。據清末民初地理學家丁謙考證：「赤海，即達布遜泊。此泊為紅水河所歸，故曰赤海。」參見黃文弼《古國樓蘭歷史及其在中西交通上之地位》（《史學集刊》第五期第 139 頁）引丁謙《〈新唐書·西域傳〉考證》。一說今阿拉克湖（阿拉克淖爾）。蒙古語「烏蘭烏魯郭勒」、「烏蘭烏蘇郭勒」，意為紅水川。位於今青海省海西蒙古族藏族自治州都蘭縣巴隆鄉，布爾汗布達山南麓東西向延伸的河谷盆地內。見畢艷君、崔永紅《古道驛傳》第 56 頁。一說在今海南藏族自治州興海縣境內豆錯。見胡兆祺《黃河探源》（《黃河源頭考察文集》第 73 頁）引《舊唐書》卷一九八注。

〔註16〕達布遜泊：即今東、西達布遜湖。「達布遜」蒙古語意為「鹽」，達布遜泊即「鹽湖」。位於柴達木盆地中部，格爾木市北，錫鐵山西北麓。屬於今察爾汗鹽湖區。

〔註17〕且末城：位於今新疆維吾爾自治區巴音郭楞蒙古自治州且末縣城西南約 6 公里的老車爾臣河岸臺地上。為漢時古西域三十六國之一的且末國國都。

柏海〔註18〕上（約當今札陵、鄂陵二海之東），望積石山，觀覽河源。〔執失思力〕馳破虜車重〔三〕。兩軍會於大非川〔註19〕（〔鄯〕州〔四〕西三百里，今雅瑪圖河〔註20〕），破邏真谷（當在西寧府邊外西南）。天寶七年〔註21〕，哥舒翰取石堡城，築神威城〔註22〕於青海上。又於海上築應龍城，謫罪人二千戍之。由是吐蕃不敢近青海。此中國征服青海之大略也。

唐龍朔三年〔註23〕，吐蕃滅吐谷渾，盡有其地。吐谷渾乃散居今甘、涼、寧夏一帶，而白蘭、丁零〔註24〕、析支〔註25〕等羌附於吐蕃。吐蕃以西藏、西康為根據，而包括青海、松潘、河湟、隴西等地，將其同種所在而統一之，是為藏族全盛時代。代宗慶〔廣〕德〔五〕時，吐蕃合党項〔註26〕、吐谷渾內犯，

〔註18〕柏海：古湖泊名。近黃河源，即今青海省果洛藏族自治州瑪多縣境內扎陵湖。清末民初地理學家丁謙認為，柏海即「今扎陵湖。扎，白也；陵，長也。」參黃文弼《西北史地論叢》第234頁，上海人民出版社，1981年。王堯《黃河源上兩大湖──扎陵、鄂陵名稱位置考實》（載《黃河源頭考察文集》，青海人民出版社，1985年）一文也認為，柏海指扎陵湖。「柏」與「白」為同音字，扎陵在藏語中是「白而長」的意思。一說為今鄂陵湖。任乃強《〈吐蕃傳〉地名考釋》（載《西藏研究》1982年第2期）一文說，柏海是今果洛藏族自治州西界瑪多縣的鄂陵湖。此地生卷柏，盤偃於山石間，故唐人稱之為柏海。聊備參考。

〔註19〕大非川：即今青海省海南藏族自治州共和縣西南切吉平原。司馬光《資治通鑒》卷194「唐太宗貞觀九年」一段作考異如下：「按（唐）《十道圖》，『大非川在青海南。』」吳均《日月山與大非川》（載《青海民族學院學報》1985年第1期）一文認為，唐蕃大戰的大非川戰鬥區當在切吉以南的黃清河與青根河合流區一帶，即今大河壩草原。原作者注「今雅瑪圖河」，有誤。

〔註20〕雅瑪圖河：今作倒淌河。「雅瑪圖」，蒙古語「有山羊的地方」。藏語稱「柔莫湧」，意為令人羨慕喜愛的地方。與唐蕃兩軍交戰之大非川相距甚遠。

〔註21〕天寶七年：即公元748年。

〔註22〕神威城：唐天寶七年（748年）哥舒翰築。在今青海省海北藏族自治州海晏縣西甘子河鄉尕海城遺址。古代尕海與青海湖相連。據《資治通鑒》卷二百一十五載：「（天寶七年十二月），哥舒翰築神威軍城於青海上，吐蕃至，翰擊破之。又築城於青海中龍駒島，以禦吐蕃，謂之應龍城。吐蕃屏跡不敢近青海。」據此，「青海上」與「青海中」當非一地。

〔註23〕龍朔三年：即公元663年。

〔註24〕丁零：古族名。原游牧於匈奴之北。東漢時部分南遷於今甘肅河西及黃河中下游地區。

〔註25〕析支：古族名。亦作賜支。源出於西戎。在今青海省黃河上游積石山至貴德縣河曲一帶地區。

〔註26〕党項：古族名。原在青海河曲和四川松潘以西山谷地帶，唐代受吐蕃壓迫，遷居今甘肅東部、寧夏及陝北地區。1038年，党項羌拓跋氏後裔李元昊在興慶府（今寧夏銀川）建立西夏。1227年，亡於蒙古。元代稱為唐兀，後漸為藏族、蒙古族、回族所同化。

攻陷長安，逼走天子，吐蕃遂稱霸西域。厥後吐蕃衰弱，回鶻〔註27〕、党項分有其地，吐蕃僅保青海南部之地。後唐莊宗〔註28〕時，回鶻來朝，置保順軍以控之。至是自洮州〔註29〕以西、涼、鄯一帶之地，稱唐羈縻十六州。

宋代，青海屬於西夏，混合多族，屢為邊患。南宋時嘗屬畏吾兒。元世祖定吐蕃，置貴德州，夷其地為阿〔朵〕〔六〕甘宣撫司〔註30〕，未嘗殖民於青海也。明初，遣官詔諭，並賜蕃酋以諸衛所〔註31〕、簽事〔註32〕等官，並封番僧以國師、禪師之名號，以羈縻之。明正德〔註33〕以後，蒙古族額伯爾〔註34〕及阿爾圖斯〔註35〕等移居於環海草水肥饒之地。

〔註27〕 回鶻：古族名。源出於丁零。又稱回紇。原居於鹿渾海（鄂爾渾谷口）。天寶三載（744）骨力裴羅建立漠北回紇汗國。9世紀40年代為黠戛斯（今吉爾吉斯人或柯爾克孜族）所敗，分裂為高昌回鶻（西州回鶻）、甘州回鶻和蔥嶺西回鶻（哈喇汗朝或黑汗王朝）。遼宋以後稱畏吾兒，即今之維吾爾族。

〔註28〕 後唐莊宗：即五代後唐建立者李存勖，公元923年～926年在位。

〔註29〕 洮州：北周保定元年（561年）置，治臨潭縣（今甘肅省甘南藏族自治州臨潭縣）。轄區約當今岷縣以西及西傾山以東的洮河流域。

〔註30〕 朵甘宣撫司：即朵甘思宣慰司，又稱吐蕃等路宣慰司。元代時設立於吐蕃地區的地方行政機構，受轄於宣政院（原總制院）。轄有今青海省果洛藏族自治州、玉樹藏族自治州、四川省甘孜藏族自治州、西藏自治區昌都地區等。明代設朵甘都指揮使司，後改稱朵甘思宣慰使司。

〔註31〕 衛所：明代軍事機構。設於京師和全國各地。數府劃為一個防區設衛，下設千戶所和百戶所。百戶下設旗總、小旗。凡軍政事務，衛下於所，千戶督百戶，百戶下總旗、小旗，率其伍卒以聽令。

〔註32〕 簽事：官名。又稱僉事、僉事道。金元明各州府的幕僚。宋代各府州設有簽書判官廳公事，簡稱「簽判」。「僉事」一詞自金人伊始。元代各衛、各親軍及廉訪、安撫各司皆置僉事（《元史‧百官志》）。明代沿襲，在都督、都指揮、按察、宣慰、宣撫等之下設僉事。清初沿用，清乾隆十八年（1753）廢。清末東三省地方機構民政使司、交涉使司、度支使司中復各置僉事，佐長官掌司事。

〔註33〕 正德：明武宗朱厚照年號，公元1506年～1521年。

〔註34〕 額伯爾（？～1533）：即亦不剌、伊巴哩，《明史》中作「亦字來」。明代西蒙古乜克力部人，右翼蒙古首領、蒙古永謝布部落酋長。瓦剌首領也先汗之孫。明憲宗成化六年（公元1470年），隨部移居河套地區，成為永邵部領主。任達延汗的太師後，控制了東蒙古右翼三萬戶。明武宗正德四年（1509年），因反抗達延汗統一戰爭的失敗，與鄂爾多斯部首領滿都賚阿固勒呼率部西遷青海。在青海攻掠番族，引起西陲騷亂。後又遭達延汗之孫吉囊的攻擊，逃套入哈密，被當地人所殺。

〔註35〕 阿爾圖斯：又作阿爾禿斯，鄂爾多斯之異譯。鄂爾多斯部，東蒙古部落，又稱河套部。明武宗正德四年（1509年），鄂爾多斯大首領滿都賚阿固勒呼與永邵卜領主亦不剌謀殺達延汗次子，抗拒統一蒙古各部的事業。失敗後率部落西進涼州、肅州，竄居青海。後被達延汗擊殺。

清初，額魯特固始汗〔註36〕自西北侵入青海，建青海蒙古。其子留汗西藏。遂分其地為左右境。蒙古部落散處青海西北一帶，稱「青海臺吉〔註37〕」。其南部仍為圖伯特之玉樹等番族所居。當蒙人侵入也，番人多徙於河源以南，以黃河為大界。康熙平準噶爾〔註38〕，青海諸臺吉亦內附，封以王、公、貝子等爵。雍正時年羹堯〔註39〕平青海，年氏嗜殺，多所屠戮，青人至今畏其名而膽寒。後岳鍾琪〔註40〕循河源而入藏。年羹堯出西北溯布哈河至達布遜泊，更西北經噶斯口〔註41〕至羅布泊，羅布藏丹津〔註42〕望風披靡，事定編各部落

〔註36〕固始汗（1582～1655）：清譯作顧實汗。厄魯特蒙古和碩特部首領。明萬曆三十四年（公元1606年）因調解厄魯特蒙古與喀爾喀蒙古之間的戰爭，使之得以平息，被東科爾呼圖克圖與喀爾喀首領贈以「大國師」稱號，所以又稱為國師汗。崇禎十年（公元1637年）率屬部由新疆進入青海，擊敗統治青海的喀爾喀蒙古綽克圖臺吉，取得青海地區的統治權，並向清朝遣使通貢。信仰喇嘛教格魯派，因西藏藏巴汗壓制格魯派，十五年兵進西藏滅掉藏巴汗，扶持格魯派，使其在西藏取得優勢地位；並與達賴五世合作，取得西藏統治權，拜羅桑卻吉堅贊為師。清順治二年（公元1645年）尊羅桑卻吉堅贊為班禪博克多，是為班禪稱號之始。十年清封其為「遵行文義敏慧固始汗」，賜金冊印。

〔註37〕臺吉：漢語「太子」一詞轉音。原係蒙古貴族尊稱。清代為蒙古世爵。等級在輔國公之下，內分一、二、三、四等，相當於一至四品。由清廷封授，可以承襲。

〔註38〕準噶爾：明清時期新疆蒙古族部落，衛拉特蒙古的一支。1676年，準噶爾部首領噶爾丹打敗衛拉特盟主鄂齊爾圖汗之後，建立準噶爾汗國。1678年出兵南疆，佔領葉爾羌汗國。1688年大舉進攻土謝圖汗，迫使喀爾喀蒙古諸部南遷。1690年清康熙帝組織兩路大軍親征，噶爾丹潰逃。直到1760年，準噶爾汗國滅亡。

〔註39〕年羹堯（1680～1726）：字亮公，號雙峰。清漢軍鑲黃旗人。康熙進士。累官四川巡撫、四川總督、定西將軍、川陝總督。雍正即位後，接管撫遠大將軍胤禵軍務，尋平定羅布藏丹津叛亂，規劃善後十三條，封一等公，晉太保。雍正三年（1725年）遭雍正猜忌，調杭州將軍，降閒散章京，旋勒令自縊。

〔註40〕岳鍾琪（1686～1754）：字東美，號容齋。清四川成都人。歷任游擊、副將、四川提督。雍正元年（1723）授參贊大臣，參加平定青海羅布藏丹津之亂，以功授三等公。旋授川陝總督，代年羹堯為寧遠大將軍主持西路軍事。乾隆時，復封三等威信公。

〔註41〕噶斯口：今作「尕斯口」。位於今青海省海西藏族自治州茫崖鎮西的阿爾金山青新交界處，古代時居民來往於青海柴達木盆地與西域婼羌的通道。

〔註42〕羅布藏丹津：清厄魯特蒙古和碩特部臺吉，顧始汗之孫。康熙五十三年（1714）襲父達什巴圖爾和碩親王爵。康熙五十五年（公元1716年）受清廷之命，與其他首領共掌青海右翼蒙古。因企圖獨控青海和西藏未遂，於雍正元年（1723）七月叛亂。次年被年羹堯、岳鍾琪軍擊敗，逃亡準噶爾，為噶爾丹策零（策妄阿拉布坦長子）收留。乾隆二十年（1755）清兵進軍伊犁時被俘解京，清廷赦其罪，留京居住至死。

為旗，置札薩克〔註43〕。玉樹等族則任其消長，置青海辦事大臣〔註44〕，駐節西寧。自乾隆平定後雖時有變亂，旋即平復。乾隆二十四年〔註45〕平定回疆，設安西府，隸甘肅省。青海境限與安西隔山為界。然自道光以後，番人勢力日漸強盛，數攻蒙人，而海湖附近水草肥美之地，復入於番人。

【校勘】

〔一〕寧：當為「護」，應為「護羌校尉」。《後漢書·西羌傳》：「及武帝……使置護羌校尉，持節統領焉。」《資治通鑑·漢宣帝紀》：「宣帝置護羌校尉，本治金城〔郡〕令居〔縣〕。」《讀史方輿紀要》卷六十四：「宣帝置護羌校尉，治此。」

〔二〕岩：「宕」之誤，應為「宕昌羌」。

〔三〕馳破虜車重：句前主語闕略。據《新唐書》卷二百二十一上《列傳》第一百四十六上《西域上》補。執失思力，為唐朝突厥人將領。

〔四〕州：「州」前「鄯」字闕遺。據《元和郡縣圖志》卷三十九「隴右道鄯州」條注及《通鑑》胡三省注補。

〔五〕慶：「廣」之誤，應為「廣德」，唐代宗李豫年號，公元763年～764年。

〔六〕阿：「朵」之誤，應為「朵甘宣撫司」。參《元史·地理志》、《百官志》。

〔註43〕札薩克：官名，清朝統治蒙古的一種制度。蒙古部落以旗為稱，「札薩克」為蒙古語「管理者」之意，即一旗之長。或為世襲，或為特簡。旗分兩種：由中央派遣大臣、都統或將軍直轄者為總管旗，內領察哈爾八旗、歸化土默特兩翼等；直隸理藩院由中央監督者為札薩克旗，包括內蒙古其餘地區及喀爾喀、厄魯特等地的外藩蒙古諸旗。由清政府在旗內蒙古王公中任命札薩克（旗長），戰時動員本旗軍隊參戰，平時執掌行政、司法、徵稅等事務。札薩克事務的執行機關為印務處。民國時期沿置札薩克，北洋政府時期旗印務處或稱旗公署，國民政府時期改稱旗政府。

〔註44〕青海辦事大臣：全稱「總理青海蒙古番子事務大臣」，是清朝派駐青海地方的行政長官。康熙五十六年（公元1717年），蒙古準噶爾部侵擾西藏，清聖祖命其十四子允禵帶兵進駐西寧，後委任理藩院額外侍郎常壽駐紮西寧。清雍正三年（公元1725年）平息蘿蔔藏丹津叛亂之後，始置西寧辦事大臣，駐西寧。任期初無定制，到乾隆元年（公元1736年）定為三年一任，定員一人。清末改為青海辦事大臣。其職責是監督、調理藏族與青海蒙古諸部之間的關係，管理蒙、藏等族的貢賦與互市，並協助駐藏大臣籌辦糧餉、督餉入藏驛路運輸等，總管黃河兩岸至唐古拉山口蒙、藏等族地區一切政教事務。

〔註45〕乾隆二十四年：公元1759年。

第二節　民國建立後之青海

民國元年，裁撤西寧辦事大臣，改設青海辦事長官。

二年，設蒙番宣慰使，以馬麒〔註46〕任之。

四年，裁撤青海辦事長官及蒙番宣慰使，改置甘邊寧海鎮守使，將青海全部歸其管轄。

八年，設立蒙番師範學校於西寧。

九年，設置玉樹、都蘭兩理事員，並於各地設立蒙番小學校二十餘所，教化蒙番子弟。設立玉樹、都蘭二處郵政代辦所。設立玉防司令部於結古。

自青海東部及西部道屬各縣地震〔註47〕以後，各地瘟疫流行，期初於蒙古二十九旗，漸次傳染，乃及於近海八族及玉樹二十五族。最初惟牛羊傳染，蒙番民族以肉食之故，乃漸傳染及人，既乏醫藥，又無賑濟，各地死亡枕藉，惟有任之而已。而西寧各縣又因禾穗生黃，顆粒無收。其時軍政當局曾由涼州轉運糧食，以為賑濟，但人數眾多，全活有限。共計各縣死亡八萬餘口，而蒙番人民死亡之數則無法以為統計。

十五年，改置青海護軍使，並置拉卜楞設治局〔註48〕，隸於西寧區行政長官公署。各縣連年亢旱，繼以冰雹，復因甘肅各地缺糧，不得不由西寧各縣運量救濟，因之糧價奇昂，民不聊生。

十七年，國民政府決議建置青海省，劃甘肅西寧道屬之西寧、大通、樂都、巴燕、湟源、循化、貴德等七縣及蒙古二十九旗、玉樹二十五族等地以屬之。以西寧為省治。並將拉卜楞設治局改為夏河縣，劃歸甘肅省轄。

十八年，青海省政府正式成立，主席孫連仲率部入青。

〔註46〕馬麒（1869～1931）：民國時期青海軍閥，馬步芳之父。回族，甘肅省河州人。1912 年 8 月任甘肅西寧鎮總兵，並組建寧海軍，從馬安良西軍系統分離出來，成為一支獨立的武裝勢力。1913 年受封為「銳揚將軍」。1914 兼任青海蒙番宣慰使、西寧辦事長官。1915 年 10 月任甘邊寧海鎮守使。1924 年被授予銳威將軍。1927 年任甘肅省政府委員。1928 年任青海省政府委員兼建設廳廳長。同年寧海軍接受改編，任國民革命軍第二集團軍暫編第二十三師中將師長。1930 年任青海省政府主席，1931 年因病逝世。

〔註47〕指 1920 年 12 月 16 日海原大地震，青海西寧等地受影響。《青海通史》（崔永紅等主編，青海人民出版社，1999 年 9 月）「大事記」誤作「西寧大地震」。

〔註48〕拉卜楞設治局：設治局，北洋政府時期在少數民族地區或邊遠地區尚未設縣的，先成立設治局進行籌備，作為設縣的過渡官署，國民政府沿置。拉卜楞設治局是在馮玉祥部國民軍的主持下於 1927 年春設立，歸蘭州道管轄，自此與甘邊寧海鎮守使署脫離隸屬關係。

青海省政府

十九年，增設民和、共和、亹源、互助、同仁、玉樹、都蘭等七縣。旋因主席孫連仲辭職，乃以馬麒兼代主席。

二十年，中央黨部派方少雲〔註49〕等為青海黨務特派員，組織青海省黨部，宣傳主義於蒙番民眾。同年，國民政府並將巴燕縣改為化隆縣。

二十一年，馬麒因病出缺，國民政府任命馬麟為省政府主席。

二十二年，增設囊謙縣。

二十四年，增設同德縣。

現在，青海省府主席為馬步芳氏。全境計轄十六縣及蒙古二十九旗、玉樹二十五族、果洛五族、近海八族等。

〔註49〕方少雲（1900～1973）：廣東普寧人。1927年起任國民黨河南省黨部候補執行委員、河南省軍隊特別黨部常務委員。1930年任青海省黨部執行委員兼軍隊特別黨部書記長。在馬步芳的排斥下，旋以難以立足而離青。1931年北平特別黨部執行委員兼組織部長。後相繼任廣州市黨部執行委員、廣東省政府委員兼廣東省軍隊特別黨部少將書記長。1945年當選為國民參政會參政員、國民大會代表、立法院立法委員。1949年夏任汕頭市市長。同年底到臺灣。

青海省府主席馬步芳氏

　　苟能繼此經營，積極建設，並逐漸改良人民生活，溝通各族文化，則化數百萬邊疆民族而為優秀國民，同享三民主義之平等幸福，其有裨於國防及民生者，誠未可限量也。

第三章　青海之地理環境

第一節　地質

　　青海地質，尚無精確之調查。全境為古生代層〔註1〕與花崗岩〔註2〕所成之高原，而覆以火山岩〔註3〕，分布極廣，且甚顯著。

　　東部及東南部附近之山地或山麓等處地質，大致與陝北、隴東相近，黃土層顆粒均勻，砂質、泥質、鈣質皆有，為最適於農業之土壤，農產甚豐。沿河之地概為沖積土，餘則砂石相雜，可耕之地無多。

　　北部祁連山一帶，構造複雜，火成岩及結晶岩〔註4〕均有。大通一帶，有暗黑色瀝青質泥灰岩〔註5〕。中部地方，火山作用甚強，今已休息，故其遺跡成為湖泊。至湖泊沿邊之土壤，多含鹽質，不適耕植，其餘卑濕之地亦多。

〔註1〕古生代層：即古生界地層（符號 Pz）。是地質歷史時期中形成於約 542～約 251Ma 前「寒武—奧陶系」、「志留—泥盆系」及「石炭—二疊系」的地質岩層，是第一個發現大量化石的地層。又分下古生界（Pz1，對應年代稱早古生代）和上古生界（Pz2，對應年代稱晚古生代）。下古生界包括寒武系、奧陶系、志留系，上古生界包括泥盆系、石炭系、二疊系。

〔註2〕花崗岩：大陸地殼的主要組成部分，是一種岩漿在地表以下凝結形成的岩漿岩，屬於深層侵入岩。主要由石英或長石等礦物組成。

〔註3〕火山岩：又稱噴出岩，屬於岩漿岩（火成岩）的一類，是岩漿經火山口噴出到地表後冷凝而成的噴出岩。

〔註4〕結晶岩：又名細晶岩，為酸性淺色岩石，主要成分為長石和石英，所以又名長英岩。

〔註5〕泥灰岩：是一種界於碳酸鹽岩與黏土岩之間的過渡類型岩石。由黏土質點與碳酸鹽質點（＞50%）組成，呈微粒或泥狀結構。

南部以古生代層最為顯著。山脈為片麻岩〔註6〕及雲母岩〔註7〕所成，山峰則由花崗岩所成。山麓等處，地甚肥沃。惟日月山以西，屬於高原乾燥地帶，岩石凌亂，土色不一，大都由高處岩石風化而成，土中多含大小石塊，不甚適於農業，為天然游牧之區。

第二節　地勢

青海為高原地，巴顏哈喇山脈橫貫其中，為黃河、長江上源之分水嶺。長江由川湖下吳越，黃河繞沙漠，走燕、齊，分中國地勢為南、北二部，唯青海實握其總樞紐。又適位於中國全部之中央，南連藏衛，西負回疆，東南接蜀道，東北依隴右。中有噶達素齊峰〔註8〕，河源出焉；南有巴薩通拉木山〔註9〕，江水發焉。青海湖在其東北部，周回五百餘里，淵然停潴〔註10〕，地味瘠薄。惟青海有魚鹽之利，四圍水草豐美，成天然之牧場。其餘山嶺川河之條幹，縱橫交錯，蔚成大觀。

其高度以西南部勒科爾烏藍達布遜山為最富〔高〕〔一〕，有二萬餘尺。祁連山高二萬尺，巴顏哈喇山、唐古剌山脈均在一萬五千尺上下。其東北盆地之青海湖面，猶拔海九千八百尺。西北盆地之柴達木河南岸，拔海九千二百五十尺。青海高原平均高度在一萬尺至一萬三千尺之間。

東部舊西寧道各縣，川原相間，早經開墾。北方盆地多湖泊，饒水草，為蒙古族游牧之地。平原千里，一望無垠，地暖土肥，頗宜農牧。南方山谷富於森林，水分充足，且落葉腐積，地質肥沃，宜於種植，為玉樹二十五族駐牧之

〔註6〕片麻岩：是由岩漿岩或沉積岩經深變質作用而成的岩石。具有暗色與淺色礦物相間呈定向或條帶狀斷續排列的片麻狀構造特徵，呈變晶結構。主要礦物為石英、長石、角閃石、雲母等。
〔註7〕雲母岩：又稱雲母片岩，由泥岩、葉岩或凝灰岩等細顆粒岩石經區域變質作用而成。組成主要礦物為雲母類礦物，次要礦物為綠泥石、方解石、黃鐵礦與磁鐵礦等。
〔註8〕噶達素齊峰：即「噶達素齊老」，蒙語「北極石」之意。實為卡日曲上源西面的孤立岩石，並非重要山峰。舊時坊間所製地圖，往往繪成大山，與事實不符。石壁上有冰蝕小泊，稱為「天池」，過去一度認為是黃河的真正源頭，實際上是不科學的。參王維屏、胡英楣《偉大的黃河》第三章「黃河的源頭」，新知識出版社，1955年版。
〔註9〕巴薩通拉木山：又名巴薩通烏拉山、巴薩山，即今唐古拉山脈西段的祖爾肯烏拉山。因山勢高大，狀如乳牛，古代又稱犁牛石、犁石山。
〔註10〕停潴：停留聚積。

地。西北柴達木亦係低濕之區，頗似古湖涸底，四周復繞以山脈，氣候乾燥，不適耕作。西南高地氣候高寒，雨量極少，夐〔註11〕隆枯瘠，耕種不宜，部落之所不居。因生物難以生存，行旅往來時虞僵死。東南部雨澤尚多，不乏野生植物，耕牧俱為適宜，為果洛克五族駐牧之地。

茲略志各地高度如次：

地　名	高　度
勒科爾烏藍達布遜山	二二〇〇〇尺〔二〕〔註12〕
祁連山	二〇〇〇〇尺〔註13〕
積石山	一八七五〇尺〔註14〕
巴顏哈喇山	一七一八八尺〔註15〕
喇嘛托羅海山〔註16〕	一五九三八尺
雅礱江西岸	一五一二五尺
唐古剌山	一五〇〇〇尺〔註17〕
布喀河〔註18〕上游北岸	一四六五六尺
舒噶山〔註19〕	一四六四六尺
長江發源地	一四二六六尺
鄂陵湖面	一三三四四尺〔註20〕
扎陵湖面	一三三四四尺〔註21〕
積石山東端之黃河	一二五三一尺
青海東北岸	一一四六九尺

〔註11〕夐：音 xiòng。遼遠。
〔註12〕按今崑崙山平均海拔約 5500～6000 米。
〔註13〕按今祁連山平均海拔約 4000～6000 米。
〔註14〕按今積石山平均海拔約 5000～6000 米。
〔註15〕按今巴顏喀喇山平均海拔約 4500～6000 米。
〔註16〕喇嘛托羅海山：即今卡里恩卡著瑪（峰名）。位於今青海省玉樹藏族自治州曲麻萊縣麻多鄉境內。
〔註17〕按今唐古拉山平均海拔約 6000 米左右。
〔註18〕布喀河：今作「布哈河」。
〔註19〕舒噶山：即今牙馬托（峰名）。位於青海省海西蒙古族藏族自治州都蘭縣境內。
〔註20〕按今鄂陵湖海拔為 4272 米。
〔註21〕按今扎陵湖海拔為 4294 米。

青海東南岸	一〇四三八尺
青海湖面盆地	九八〇〇尺〔註22〕
柴達木河盆地	九二五〇尺〔註23〕
湟源縣	八一五九尺〔註24〕
西寧縣	六七五〇尺〔註25〕

【校勘】

〔一〕富：「高」之訛。據馬鶴天《西北考察記・青海篇》（南天書局，1936年，第98頁），應為「高」。

〔二〕二二〇〇〇尺：馬鶴天《西北考察記・青海篇》（南天書局，1936年，第98頁）作「二一〇〇〇尺」，較為準確。

第三節　山脈

一、唐古剌山脈

　　唐古剌山脈為崑崙之南支。由崑崙正幹出蔥嶺，東走為托古茲達阪〔註26〕，再東為勒科爾烏藍達布遜山。跨青海與西藏界而囷輪〔註27〕東走者為固爾班布羅齊山〔註28〕，為巴薩通拉木山〔一〕，江源出焉；為拜都嶺〔註29〕（其南有山口曰「唐古剌」），為當拉嶺〔註30〕（其南有山口曰「伊克諾木罕渾巴什

〔註22〕按今青海湖面海拔為3260米。

〔註23〕按今柴達木盆地平均海拔約2700～3500米之間。參張忠孝教授著《青海地理（第二版）》第一章《青藏高原的重要組成部分》第12頁，科學出版社，2009年。

〔註24〕按今湟源縣海拔在2470～4898之間。

〔註25〕按今西寧市區海拔2261米。

〔註26〕托古茲達阪：今作「托庫孜達阪山」，海拔6284米。位於今新疆維吾爾自治區巴音郭楞蒙古自治州且末縣南。

〔註27〕囷輪：囷，音qūn。屈曲貌。

〔註28〕固爾班布羅齊山：又作「古爾班博羅集山」。即今位於青海省玉樹藏族自治州曲麻萊縣境內的「直達日舊」（峰名）。

〔註29〕拜都嶺：即位於今青海省玉樹藏族自治州治多縣與海西蒙古族藏族自治州格爾木市唐古拉山鎮交界處的「延肖拉查日」（峰名），海拔5727米。

〔註30〕當拉嶺：當拉，即唐古拉的音譯。又稱「朝午拉山」（見下文），在蒙語中意為「雄鷹飛不過去的高山」。即今位於青海省玉樹藏族自治州與西藏自治區那曲地區交界處的「尺宰日」（峰名），海拔5403米。

山口」，為青海通西藏之大道），至格爾吉匝噶那山〔註31〕，瀾滄江源出焉。山脈至此，遂分兩歧：沿瀾滄江南而東走者為果瓦拉沙山〔註32〕，為仄拉克山〔註33〕、拉岡木瑪山〔註34〕、巴喇克丹蘇克山〔註35〕、阿克達木山〔註36〕、瓦勒山〔二〕、我拉山〔三〕，經中壩〔註37〕、蘇魯克〔註38〕、囊謙〔註39〕等族地至岡蘇本山，入西康境為他年他翁山脈〔註40〕；沿瀾滄江北而東走者為朝午拉山、加卻山、達克木山、子勒麻朵山、薩拉嶺〔註41〕、雜楚庫公山〔註42〕、曾額巴爾都山、色吾臣及〔四〕山，經格吉〔註43〕、扎武〔註44〕、迭達〔註45〕、

〔註31〕格爾吉匝噶那山：即今位於唐古拉山北側採莫賽東部的扎納日根山脈查加日瑪（峰名）。據吳均《吳均藏學文集（上冊）》（中國藏學出版社，2007年，478頁）：「『格爾吉匝噶那』意為格吉地區的雜噶那山，位於雜噶爾水與雜那水合流之三角小洲上，它距地面約二三百米，是土石相間的山峰，因在兩水合流之處突兀聳峙，故以兩水之名作為它的名稱。」

〔註32〕果瓦拉沙山：又作「果瓦拉沙拉山」，今作「郭哇替爾」（峰名）。唐古拉山的東北支脈，位於玉樹藏族自治州西部雜多縣境內。據吳均《吳均藏學文集（上冊）》（中國藏學出版社，2007年，478頁）：「（果瓦拉沙拉山）是雜噶、雜那兩水源頭的一條山脈的總名，是屬於果雲（高雲）、莫雲區域山系，也就是瀾滄江源頭與長江水系的高曲（果曲）、莫曲諸水之分界。」

〔註33〕仄拉克山：又作「匝納克山」。據楊仲華《西康紀要》第二章《西康地理》（商務印書館，1937年，101頁），在索克宗城北一百四十里。

〔註34〕拉岡木瑪山：據楊仲華《西康紀要》第二章《西康地理》（商務印書館，1937年，101頁），亦作「喇岡木克馬山」。在索克宗城東北一百四十里。

〔註35〕巴喇克丹蘇克山：據楊仲華《西康紀要》第二章《西康地理》（商務印書館，1937年，101頁），在索克宗城東南九十里。

〔註36〕阿克達木山：位於今西藏自治區境內。為唐古拉山的東南支，接於橫斷山脈。

〔註37〕中壩：中壩得瑪、中壩班瑪、中壩麥瑪三族的合稱。

〔註38〕蘇魯克：分布於今青海省玉樹藏族自治州雜多縣境內蘇魯鄉。

〔註39〕囊謙：分布於今青海省玉樹藏族自治州囊謙縣香達鎮。

〔註40〕他年他翁山脈：位於今西藏自治區昌都地區的扎曲—瀾滄江與那曲—怒江之間。雲南叫怒山、碧羅雪山。

〔註41〕薩拉嶺：又名「雲嶺山脈」。據陳中為《西康問題》（南天書局，1930年，第58頁），在博克多池東、鄂穆楚河（扎曲）東北。

〔註42〕雜楚庫公山：據陳中為《西康問題》（南天書局，1930年，第58頁），在博克多池北。

〔註43〕格吉：玉樹二十五族之一，格吉得瑪、格吉班瑪、格吉麥瑪三族的合稱。分布於今青海省玉樹藏族自治州雜多縣境內沿瀾滄江重要支流的吉曲和扎曲一帶。

〔註44〕扎武：分布於玉樹藏族自治州玉樹市結古鎮一帶。

〔註45〕迭達：由隆布、上隆布二族合併而成。分布於今青海省玉樹藏族自治州玉樹縣隆寶鄉。據《玉樹縣志稿·考證》，住牧於阿尼拉克地方。

布慶〔註46〕、覺拉〔註47〕、蘇爾莽〔註48〕等族地至朔拉嶺〔註49〕，入西康境為寧靜山脈〔註50〕。

二、巴顏喀喇山脈

巴顏喀喇山脈為崑崙之中支。又稱「阿瑪尼穆占木遜」，祖山之意也。自勒科爾烏藍達布遜山東走，為巴顏喀喇得里奔山〔註51〕，高一萬八千尺至二萬尺，那木齊圖烏蘭木倫河〔註52〕導源於此。再東為巴顏喀喇烏拉山〔註53〕、各爾山〔註54〕、查莫托羅海山〔註55〕、匜巴顏喀喇山〔註56〕、阿木屯巴爾布喀山〔註57〕、阿克坦齊欽山〔註58〕、噶達素齊老峰。至娘磋族〔註59〕境，分東北、東南二支：東北支沿黃河北岸，東走為貌木克達山〔註60〕，更東北沿黃

〔註46〕布慶：位於今青海省玉樹市巴塘鄉班慶寺東南，百戶駐班慶寺東登尕色莊。
〔註47〕覺拉：即覺拉寺部落，在今青海省玉樹藏族自治州囊謙縣覺拉鄉。
〔註48〕蘇爾莽：在今青海省玉樹藏族自治州玉樹市小蘇莽鄉。
〔註49〕朔拉嶺：又稱「伯舒拉嶺」。南段為高黎貢山。因伯舒的藏語拼音和「八宿」同音，故又名八宿拉嶺。疑此處「朔拉嶺」前奪一「八」字。
〔註50〕寧靜山脈：位於今青海省玉樹藏族自治州與西藏自治區昌都地區交界處的通天河—金沙江與扎曲—瀾滄江之間。南段叫雲嶺。
〔註51〕巴顏喀喇得里奔山：即今位於青海省玉樹藏族自治州治多縣境西部的可可西里山。
〔註52〕那木齊圖烏蘭木倫河：又作「那木七圖烏蘭木倫河」。即今長江北源的「楚瑪爾河」。
〔註53〕巴顏喀喇烏拉山：即今位於青海省玉樹藏族自治州治多縣境西部卓乃湖與錯仁德加（湖名）之間的「巴音多格日舊」（山名）。
〔註54〕各爾山：即今位於青海省玉樹藏族自治州治多縣與曲麻萊縣交界處的貢冒日瑪（山名）。
〔註55〕查莫托羅海山：即今沙松烏拉山。位於今青海省海西蒙古族藏族自治州境格爾木市境南。
〔註56〕匜巴顏喀喇山：即今剛欠查魯馬（山名），位於今青海省玉樹藏族自治州曲麻萊縣與海西蒙古族藏族自治州格爾木市交界處。
〔註57〕阿木屯巴爾布喀山：即今布爾汗布達山，位於今青海省海西蒙古族藏族自治州境南格爾木市與都蘭縣交界一帶。
〔註58〕阿克坦齊欽山：即今唐格烏拉山。位於巴顏喀拉山最西段。據中國科學院自生區劃工作委員會《中國地貌區劃（初稿）》第XVI章《青藏山原崑崙山與橫斷山地》（科學出版社，1959年，307頁），在噶爾穆河上游西支（西大灘）南側。
〔註59〕娘磋族：娘嗟，亦譯作尼牙木錯、牙木錯，今通譯作年措，稱「年措族」。
〔註60〕貌木克達山：即今扎加（峰名）。位於今青海省玉樹藏族自治州曲麻萊縣境東北。

河曲中為瑪沁雪山〔註61〕、滂馬山〔註62〕、大積石山〔註63〕，為積石山脈；東南支為長江與黃河之分水嶺，沿黃河南岸東南走為拉麻托羅海山〔五〕〔註64〕，至奇爾薩托羅山〔註65〕，又分為二支：一支北走為擇巴顏喀喇山〔六〕〔註66〕、巴顏托呼木嶺〔七〕〔註67〕、公噶察哈拉嶺〔註68〕、郭洛克山〔註69〕，東走至四川與青海界上起頂為岷山，是為岷山山脈；一支南走為達隆山〔註70〕、加琅山〔註71〕，縱貫金沙江與雅礱江之間，經蒙古爾津〔註72〕、稱多、竹節〔註73〕、歇武〔註74〕等族地，南入西康境為沙魯里山脈〔註75〕。

三、祁連山脈

祁連山脈為崑崙之北支。由崑崙山脈托古茲達阪分出，為阿爾金山、阿斯騰格達山〔註76〕；入青海境，蜿蜒於甘肅、青海界上（為青海與甘肅之分界山）為黎頭山〔註77〕、阿木尼厄庫山〔註78〕（東接南山業雙嶺）；又東為科得

〔註61〕瑪沁雪山：即今瑪卿崗日（峰名），位於今青海省果洛藏族自治州瑪沁縣境內。
〔註62〕滂馬山：即今吾和美雜（峰名），位於今青海省果洛藏族自治州瑪沁縣境內。
〔註63〕大積石山：即今阿尼瑪卿山。
〔註64〕拉麻托羅海山：同上文「喇嘛托羅海山」。
〔註65〕奇爾薩托羅山：即今巴顏喀喇山（峰名），位於今青海省果洛藏族自治州瑪多縣與玉樹藏族自治州稱多縣交界處。
〔註66〕擇巴顏喀喇山：即今勒那冬則（峰名），位於今青海省果洛藏族自治州瑪多縣境內。
〔註67〕巴顏托呼木嶺：即今樂沖先巴（峰名），位於今青海省果洛藏族自治州達日縣境內。
〔註68〕公噶察哈拉嶺：即今賽爾察布雜日（峰名），位於今青海省果洛藏族自治州久治縣境內。
〔註69〕郭洛克山：今作「果洛山」，位於今青海省果洛藏族自治州久治縣境內。
〔註70〕達隆山：位於今青海省玉樹藏族自治州稱多縣境內。
〔註71〕加琅山：位於今青海省玉樹藏族自治州稱多縣境內。
〔註72〕蒙古爾津：在今青海省果洛藏族自治州瑪多縣境內。
〔註73〕竹節：即竹節寺部落，在今青海省玉樹藏族自治州稱多縣南境珍秦鄉。
〔註74〕歇武：即上歇武族和下歇武族的合稱，在今青海省玉樹藏族自治州稱多縣歇武鎮。
〔註75〕沙魯里山脈：位於今四川省甘孜藏族自治州境內。
〔註76〕阿斯騰格達山：即今賽什騰山。位於青海省海西蒙古族藏族自治州與甘肅省酒泉市交界處。
〔註77〕黎頭山：即今青海南山。按林鵬俠《西北行・青海》（自印簽名本，1936年，第116頁），（故）都蘭縣境北。
〔註78〕阿木尼厄庫山：即今托勒南山。位於今青海省海西蒙古族藏族自治州天峻縣境北。

里山〔八〕、集魯肯山〔註79〕（自集魯肯山分支入青海境，夾大通河源而東南走至日月山，與小積石山脈銜接）、祁連山頂〔註80〕（主峰在甘肅酒泉縣西南，峰高接天，一稱「天山」。匈奴呼「天」為「祁連」，故名）、歐喜西山〔註81〕、磁窯山〔九〕〔註82〕、甘峻山〔註83〕、阿木尼岡噶爾山〔一〇〕〔註84〕（自阿木尼岡噶爾山北入甘肅永昌縣境衍為涼州之大雪山〔註85〕）、金山、察汗阿博圖山〔一一〕、達阪山〔註86〕、阿里吞巴哈那山、鷲鳥山、大雷山、天梯山〔註87〕、雪山；東走入甘肅境為賀蘭山脈。

沿界山口，在大通者為大石碑，在亹源者為扁都口，在涼州者為平羌口、五龍口，在甘州者為西龍口、北崖口、金山口、雪山口、野牛口、大盤口，在肅州者為磁窯口、庫克托落亥山，皆係出入要路。

四、積石山脈

（一）大積石山脈

起自噶達素齊老峰黃河源之北，而東南走為貌布克達嶺、阿拉克沙爾山〔註88〕、布青山（即柴達木河發源之谷）、哈爾吉嶺〔註89〕、車山、馬沁雪山、滂馬山、大積石山（番名「阿木奈瑪勒占木遜山」，一作「阿木尼麻禪母遜阿

〔註79〕集魯肯山：即今大通山。
〔註80〕祁連山頂：海拔5547米。位於甘肅省張掖市肅南裕固族自治縣境內。
〔註81〕歐喜西山：按林鵬俠《西北行·青海》（自印簽名本，1936年，第116頁），（故）都蘭縣境東北。
〔註82〕磁窯山：按林鵬俠《西北行·青海》（自印簽名本，1936年，第116頁），（故）都蘭縣境東。
〔註83〕甘峻山：即今龍首山。位於今甘肅省張掖市與內蒙古自治區阿拉善盟交界處。
〔註84〕阿木尼岡噶爾山：即今走廊南山，位於今青海省海西蒙古族藏族自治州與甘肅省張掖市交界處。據清代張穆《蒙古游牧記》卷十二，在青海東北。朱豔桐博士認為指今冷龍嶺（據「甘青民族走廊歷史與文化系列講座」——朱豔桐《五涼經略河湟及其交通》，2021年12月10日（週五）19：00～22：00）。
〔註85〕大雪山：即位於今青海省海北藏族自治州祁連縣、門源回族自治縣與甘肅省張掖市、武威市交界處的冷龍嶺。非今甘肅省酒泉市境內之大雪山。
〔註86〕達阪山：位於今青海省西寧市大通回族土族自治縣與海北藏族自治州門源回族自治縣交界處。
〔註87〕天梯山：位於甘肅省武威市城南百里祁連山內中路鄉。
〔註88〕阿拉克沙爾山：即今烏蘭烏拉（峰名）。位於今青海省玉樹藏族自治州曲麻萊縣與海西蒙古族藏族自治州都蘭縣交界處。
〔註89〕哈爾吉嶺：即今賽日昂約（峰名）。位於今青海省果洛藏族自治州瑪沁縣和瑪多縣交界處。

林」；蒙古語曰「木素鄂拉」。即《唐書‧吐蕃傳》所稱「紫山」，虜曰「悶摩里山」〔註90〕；《元史‧地理志》河源附錄所稱「大雪山」，亦名「耳麻不莫麻」，譯言「騰乞里塔」。番語謂祖為「阿木奈」，蒙古語謂「瑪勒遜」為花色，冰為「木遜」。以山石斑駁，上多冰雪，為青海望山，故尊而稱之。又「阿木尼」謂祖，「麻禪」謂險惡，「母遜」謂冰，猶言「大冰山」也。其山甚高，譯言「騰格里哈達」。古語謂天為「騰格里」；「哈達」，山峰也。即《禹貢》之積石），極於黃河曲部之內而止，是為大積石山脈。

（二）小積石山脈

起自阿拉克沙爾山，北走為布青山、朔羅山〔註91〕；至臺吉額爾德巴圖爾，折而東北為阿米賽什慶山〔註92〕、日月山、南朔山、拉脊山；沿黃河北岸經西寧、化隆、民和縣地，至小積石山〔註93〕（即唐述山）；東入甘肅臨夏縣境，是為小積石山脈。

五、西傾山脈

西傾山脈，起自岷山北麓羊膊嶺〔註94〕，北走經和碩特前首旗〔註95〕、土爾扈特南前旗〔註96〕地為西傾山；折而東走經和碩特南右翼中旗〔註97〕，入甘肅夏河縣境。其分支東有連古山〔註98〕，入同仁縣境；西有圖爾根山〔註99〕、

〔註90〕見《新唐書》卷二百一十六下《列傳》第一百四十一下《吐蕃》下。
〔註91〕朔羅山：即今雜根爾崗（峰名）。在今青海省海南藏族自治州興海縣境內。
〔註92〕阿米賽什慶山：今作賽日欽（峰名）。位於今青海省海南藏族自治州共和縣境內青海南山東段。
〔註93〕小積石山：位於今青海省海東市循化撒拉族自治縣東部與甘肅省臨夏回族自治州積石山保安族東鄉族撒拉族自治縣西部交界處。
〔註94〕羊膊嶺：今作郎架嶺。又作浪架嶺、南雜嶺，古稱羊膊嶺，又稱大分水嶺。位於四川省阿壩藏族羌族自治州松潘縣境內。
〔註95〕和碩特前首旗：又稱「前頭旗」，俗稱河南親王旗。在今青海省黃南藏族自治州河南蒙古族自治縣境。
〔註96〕土爾扈特南前旗：俗稱托日和札薩旗。在今青海省黃南藏族自治州河南蒙古族自治縣境。
〔註97〕和碩特南右翼中旗：俗稱達參旗。在今青海省黃南藏族自治州河南蒙古族自治縣境。
〔註98〕連古山：即今雜瑪日崗（峰名）。位於今青海省海南藏族自治州貴德縣與海南藏族自治州同仁縣交界處。
〔註99〕圖爾根山：位於今青海省黃南藏族自治州東北界與海東市循化撒拉族自治縣交界處。

連古山，入貴德縣境。

六、南山叢嶺

南山叢嶺，縱綴於青海湖岸以西，巴顏喀喇山及祁連山兩脈之間。青海四周所有峰巒皆屬之。其大者為布哈山〔註100〕（在英額池〔註101〕）、拜王都嶺〔一二〕〔註102〕（在布隆吉爾地東）、胡胡色爾格嶺〔註103〕（在都蘭縣北）、甘珠爾齊老山〔註104〕（在察汗泊〔註105〕東）、當哈拉伊瑪圖山〔註106〕（在鹽池南）、他拉山〔註107〕（在鹽池東）、灑朵山（上柴達木）。

【校勘】

〔一〕巴薩通拉木山：舊版、新版印本原作「巴薩通木拉山」。抄本漏「為巴薩通拉木山」一句。「木拉」，係「拉木」之顛舛。據馬鶴天《西北考察記·青海篇》（南天書局，1936年）第100頁及上文第13頁，應為「巴薩通拉木山」。

〔二〕瓦勒山：高長柱《邊疆問題論文集·第十三題 青海之歷史地理及種族分布現狀》（正中書局，1941年，第235頁）作「互勒山」。

〔三〕我拉山：馬鶴天《西北考察記·青海篇》（南天書局，1936年，第100頁）作「俄」，為「俄拉山」；高長柱《邊疆問題論文集·第十三題 青海之歷史地理

〔註100〕布哈山：即今疏勒南山。位於今青海省海西蒙古族藏族自治州天峻縣西北境。

〔註101〕英額池：又作「殷格池」、「果庫圖」，蒙古語意為「黑海子」。清汪士鐸《水經注圖·東漢大河漯沁入海圖》十六中作「滇抵池」。即今位於青海省海西蒙古族藏族自治州德令哈市境內的哈拉湖（措納合）。

〔註102〕拜王都嶺：又作「拜生圖嶺」。即今青海南山之橡皮山，是青海湖水系和柴達木盆地水系的分水嶺。

〔註103〕胡胡色爾格嶺：即今阿爾茨托山。位於今青海省海西蒙古族藏族自治州都蘭縣北境。

〔註104〕甘珠爾齊老山：據何玲、張照雲編《青海蒙古族史料集》（青海人民出版社，2005年，第138頁）引《地學雜誌》（1920年），位於和碩特西左翼前旗境內。即今阿木尼克山。位於今海西蒙古族藏族自治州德令哈市與都蘭縣北境交界處。

〔註105〕察汗泊：即今北霍魯遜湖、南霍魯遜湖。位於今青海省海西蒙古族藏族自治州都蘭縣境西北。

〔註106〕當哈拉伊瑪圖山：據何玲、張照雲編《青海蒙古族史料集》（青海人民出版社，2005年，第138頁）引《地學雜誌》（1920年），位於和碩特西左翼前旗境內。

〔註107〕他拉山：即今千卜錄山。位於今青海省海南藏族自治州共和縣境內。

及種族分布現狀》（正中書局，1941 年，第 235 頁）作「拉馬俄拉山」。

〔四〕及：馬鶴天《西北考察記・青海篇》（南天書局，1936 年，第 100 頁）作「齊」，為「色吾臣齊山」；周希武《玉樹調查記》（抄本）作「色吾臣忌拉山」。

〔五〕拉麻托羅海山：馬鶴天《西北考察記・青海篇》（南天書局，1936 年，第 101 頁）作「刺麻托羅海山」。

〔六〕馬鶴天《西北考察記・青海篇》（南天書局，1936 年，第 101 頁）作「仄胡爾巴顏喀喇山」。

〔七〕巴顏托呼木嶺：馬鶴天《西北考察記・青海篇》（南天書局，1936 年，第 101 頁）作「巴顏禿胡穆嶺」。

〔八〕科得里山：馬鶴天《西北考察記・青海篇》（南天書局，1936 年，第 101 頁）作「庫得里山」。

〔九〕磁窰山：林鵬俠《西北行・青海》（自印簽名本，1936 年，第 116 頁）同作「磁窰山」。唯馬鶴天《西北考察記・青海篇》（南天書局，1936 年，第 101 頁）作「硫窰山」。「硫」，或為「磁」之誤。

〔一〇〕阿木尼岡噶爾山：清代張穆《蒙古游牧記》同作「阿木尼岡噶爾山」。唯馬鶴天《西北考察記・青海篇》（南天書局，1936 年）第 101 頁作「阿母尼噶岡爾山」，「噶岡」二字為「岡噶」之顛舛。

〔一一〕察汗阿博圖山：馬鶴天《西北考察記・青海篇》（南天書局，1936 年，第 101 頁）作「察汗鄂博圖山」。

〔一二〕拜王都嶺：佚名《青海風土概況調查記》（民國抄本，第 6 頁）作「拜王圖嶺」。

第四節　河流

一、黃河

黃河為我國第二大川，全長約八千里〔註 108〕。

發源於巴顏喀喇山噶達素齊老峰東南麓，當東經九十五度，北緯三十五

〔註 108〕按黃河干流全長 5464km。參張忠孝教授著《青海地理（第二版）》第三章《江河與湖泊》第 51 頁，科學出版社，2009 年。

度，拔海一萬四千尺。南流納數小水為阿爾坦河〔註 109〕（蒙名「阿勒坦郭
勒〔註 110〕」，「全〔金〕〔一〕河」之義；番名「馬曲河」）；東南流二百餘里，
納拓〔折〕〔二〕戈河〔註 111〕、長雲河〔註 112〕之水，至星宿海（蒙名「鄂敦他
拉鄂端諾爾」。《河源附錄》〔註 113〕云：「河源在吐蕃朵思甘西鄙，有泉百餘
泓，沮洳散渙，弗可逼視。方可七八十里，履高山下瞰，燦若列星，以故名
『火敦腦兒』。『火敦』，譯言星宿也」）；經東流有喇嘛托羅海山源出之多庸河
〔註 114〕，及氣爾撒托羅海山〔註 115〕源出之惹牙五河〔註 116〕來會，瀦於扎凌
湖。復東流而出，瀦於鄂凌湖，有導源於古扎泊之鄂羅庫河〔註 117〕及土爾根
河〔註 118〕、賈五河〔註 119〕，自南來注之；東流經百餘里，至蒙古爾津族地，
南有珠扎〔註 120〕泊衍之庫蘭河、北有敖羅布泊〔註 121〕之水來注之；又東南
流經永沙普〔註 122〕地方循哈爾吉嶺而下，南有阿雲朵馬河〔註 123〕水、考考
烏蘇河〔註 124〕來注之；又東循滂馬山而下，經達布拉及阿爾純〔註 125〕地方
流二百餘里，有特拉河〔註 126〕、打日各河〔註 127〕、哈合隆河〔註 128〕、噶爾

〔註 109〕阿爾坦河：即今阿棚鄂里曲。在今青海省玉樹藏族自治州曲麻萊縣境。
〔註 110〕阿勒坦郭勒：「阿勒坦」蒙語是「黃金」之意，「郭勒」是河的意思。
〔註 111〕拓戈河：即今約古宗列曲。在今青海省玉樹藏族自治州曲麻萊縣境。
〔註 112〕長雲河：即今卡日曲。在今青海省玉樹藏族自治州曲麻萊縣境。
〔註 113〕《河源附錄》：即《元史‧地理志‧河源附錄》。
〔註 114〕多庸河：又作「多河」。今作「多曲」，流經青海省玉樹藏族自治州稱多縣、
　　　　果洛藏族自治州瑪多縣境，匯入黃河。
〔註 115〕氣爾撒托羅海山：同上文「奇爾薩托羅山」。
〔註 116〕惹牙五河：即今扎曲。在今青海省玉樹藏族自治州曲麻萊縣境。
〔註 117〕鄂羅庫河：即今勒那曲。在今青海省果洛藏族自治州瑪多縣境內。
〔註 118〕土爾根河：即今黑河。在今青海省果洛藏族自治州瑪多縣境內。
〔註 119〕賈五河：即今熱曲。在今青海省果洛藏族自治州瑪多縣境內。
〔註 120〕珠扎泊：即今崗納格瑪錯（湖名）和日格錯岔瑪（湖名），在今青海省果洛藏
　　　　族自治州瑪多縣境內。
〔註 121〕敖羅布泊：即今冬草阿龍（湖名）。在今青海省果洛藏族自治州瑪多縣境
　　　　內。
〔註 122〕永沙普：即今青海省果洛藏族自治州達日縣特合土鄉一帶。
〔註 123〕阿雲朵馬河：即今柯曲。在今青海省果洛藏族自治州達日縣境內。
〔註 124〕考考烏蘇河：即今達日河。在今青海省果洛藏族自治州達日縣境內。
〔註 125〕阿爾純：在今青海省果洛藏族自治州甘德縣。
〔註 126〕特拉河：即今吉曲。在今青海省果洛藏族自治州達日縣境內。
〔註 127〕打日各河：即今當曲。流經今青海省果洛藏族自治州瑪沁縣、甘德縣境。
〔註 128〕哈合隆河：即今西科曲。流經今青海省果洛藏族自治州瑪沁縣、甘德縣
　　　　境。

志河〔註129〕、可合庸河〔註130〕自南北來注之；折而北循大積石山而下，經綽羅錫泊及果洛克族地，流二百餘里至西傾山下，有買河、德特坤都崙河、都爾達都崙〔三〕都崙河、多拉崑〔四〕都崙河自南來注之。黃河至此成一大麯，如環帶折而西流。

蜿蜒二百餘里，至阿〔里〕〔五〕克族〔註131〕境，其間經過和碩特南前旗〔註132〕、前首旗、土爾扈特南前旗、和碩特南左中〔註133〕、南右中、察罕諾門汗〔註134〕等旗地，南有下秀河〔註135〕、果合庸河〔註136〕、滂馬河、胡魯木蘇河〔註137〕、結博河〔註138〕、呼呼烏蘇河〔註139〕，北有克哈柳圖

〔註129〕噶爾志河：即今東科曲。在今青海省果洛藏族自治州甘德縣境內。
〔註130〕可合庸河：即今沙曲。在今青海省果洛藏族自治州久治縣境內。
〔註131〕阿里克族：又稱「阿力克族」。
〔註132〕和碩特南前旗：疑為「南右末旗」（俗稱居里蓋札薩旗）之誤。經查核地方文獻，和碩特部並無「南前旗」。據原文記述，個人推斷其地理位置當為「南右末旗」，居牧於今海南藏族自治州共和縣境。馬鶴天《西北考察記・青海篇》（南天書局，1936年，第102頁）同作「南前旗」，繫傳抄延訛。
〔註133〕和碩特南左中旗：俗稱拉加札薩旗，居牧於今海南藏族自治州同德縣境。
〔註134〕察罕諾門汗：俗稱白佛旗，居牧於今青海省海北藏族自治州海晏、海南藏族自治州貴德兩縣。
〔註135〕下秀河：即今西庫乎（西科河）。在甘肅省甘南藏族自治州瑪曲縣境內匯入黃河。
〔註136〕果合庸河：即今尕科河。在今青海省果洛藏族自治州瑪沁縣境內匯入黃河。
〔註137〕胡魯木蘇河：《中國歷史地圖集》作「齊普河」，即今「切木曲」及其支流「東曲」。據盧龍、白眉初著《最新民國地志總論・水道篇》：「胡魯穆蘇河，亦曰『汝河』。黃河西岸之水，自積石山脈流來者也。源出東南之哈爾吉嶺；東北流，其右岸先納源出車山之得爾登河，次納源出滂馬山之圖生圖河（今作『格曲』）；復東北流，注黃河。其東岸為阿里克土司游牧。」
〔註138〕結博河：今作「曲什安河」。據盧龍、白眉初著《最新民國地志總論・水道篇》：「黃河西岸之水，兩源自阿拉克沙爾山（隔山而西，為柴達木河之札〔托〕遜池），東流百餘里而合。又納北自當哈拉伊瑪圖山流來之希拉哈布河（薩爾哈布齊海河），又東注黃河。河口之北，為土爾扈特南中旗游牧。」
〔註139〕呼呼烏蘇河：《中國歷史地圖集》作「哈爾噶河」，又作「袞額爾奇河」，即大河壩水之上游之青根河。在今海南藏族自治州興海縣境內。清譯本《蒙古源流》沈曾植箋證云：「《胡氏地圖》袞額爾奇河在黃河西岸察漢諾們汗游牧處，相對處會呼呼烏蘇河，同入於河。」據盧龍、白眉初著《最新民國地志總論・水道篇》：「滾俄羅濟河，黃河西岸之水也。源出青海湖泊西南百餘里之即里山；東南流其實餘里，有伊克戈爾什河（呼呼烏蘇河）自西流百餘里而來會；又東南至托里布拉克之南，注黃河。河口對岸為碩爾果爾河，為察罕諾們罕喇嘛游牧之地。」

河〔註140〕、巴庸河〔註141〕、什爾郭爾河〔註142〕諸水來注之；復折而東北流，經汪什代克族〔註143〕、魯木科十七族、完受族、拉安〔註144〕九族、郭密九族等地，流三百餘里而入貴德縣境，沿途南有圖爾根河〔註145〕、哈克河，北有哈隆烏蘇〔註146〕、希拉河、江拉河〔註147〕、貢朵泊〔註148〕、切吉河〔註149〕、西尼泊〔註150〕、恰卜恰河〔註151〕來注之；在貴德縣境有煖泉河〔註152〕、龍池河〔註153〕來注之；東流經循化縣境，有清水河〔註154〕、隆務河〔註155〕來注之；在化隆縣有巴燕戎格河〔註156〕自北來注之。復東流入甘肅境。

〔註140〕克哈柳圖河：又作「伊克哈柳圖河」。今作「澤曲」。在今青海省黃南藏族自治州河南蒙古族自治縣境內匯入黃河。

〔註141〕巴庸河：《中國歷史地圖集》作「恰克圖河」，今作「巴曲」，漢譯「巴河」。在今青海省海南藏族自治州同德縣境內匯入黃河。

〔註142〕什爾郭爾河：今作「茫曲」。在今青海省海南藏族自治州貴南縣南境。

〔註143〕汪什代克族：又稱「汪什代海族」。按《甘青藏邊區考察記》，在青海湖西北岸沙爾地內及布喀河流域一帶。

〔註144〕拉安：又名「熱安族」。《西寧府新志》載：「拉安族，所城西南一百里，百長巴力幹所管，番人共六十一戶，四百五十口。」

〔註145〕圖爾根河：今作「沙溝」。位於今海南藏族自治州貴南縣北境。

〔註146〕哈隆烏蘇：今作「東曲」，即今柴達木香日德河上游。位於花石峽以南至豆雲灘一帶。

〔註147〕江拉河：即今農春河。海南藏族自治州貴德縣境內黃河以北支流，由北向南匯入黃河。

〔註148〕貢朵泊：《中國歷史地圖集》作「公額淖爾」，今作「更尕海」。位於今青海省海南藏族自治州共和縣境內。

〔註149〕切吉河：即今沙珠玉河。位於青海省海南藏族自治州共和縣境內沙珠玉盆地。發源於鄂拉山地，流入共和盆地。

〔註150〕西尼泊：《中國歷史地圖集》作「西訥淖爾」，今作「達連海湖」。位於今青海省海南藏族自治州共和縣境內。

〔註151〕恰卜恰河：即今恰卜恰河。位於今青海省海南藏族自治州共和縣境內。

〔註152〕煖泉河：又作「溫泉河」，今作「多石礦」（河名）。流經青海省海南藏族自治州貴南縣、貴德縣境，匯入黃河。

〔註153〕龍池河：即今青海省海南藏族自治州貴德縣境內「西河」，又名西溝、西溝河、莫曲、莫曲溝河，發源於青海省黃南藏族自治州澤庫縣北部的托洛崗，在貴德縣河陰鎮西的西河灘流入黃河。參劉滿著《河隴歷史地理研究·西北黃河古渡考（一）》（甘肅文化出版社，2009年，第13頁）。

〔註154〕清水河：位於今青海省海東市循化撒拉族自治縣境內。

〔註155〕隆務河：位於今青海省黃南藏族自治州境內。

〔註156〕巴燕戎格河：今作「巴燕河」。流經今青海省海東市化隆回族自治縣巴燕鎮，在甘都鎮境內匯入黃河。參劉滿著《河隴歷史地理研究·西北黃河古渡考（一）》（甘肅文化出版社，2009年，第34頁）。

黃河（循化段）

二、長江

長江為我國第一大川，全長九千里〔註157〕。古名「麗水〔註158〕」，一名「神川」，亦名「犁牛河〔註159〕」，蒙名「木魯烏蘇」，番名「州曲」，普通曰「通天河」。其源有三：

中源出於支雅阿洛火山〔註160〕之東麓，其發源之點，番名曰「求國公」，一名「州曲公喀」。東流三百餘里，有灘曰「巴薩通拉木」，水貫其中，有高崗曰「巴薩通拉木山」。有源出勒科爾烏蘭達布遜山之喀齊烏蘭木倫河〔註161〕、固爾班布羅齊山之莊門格河〔註162〕、卡色格能屯灘之朵乃米河〔註163〕、錫津

〔註157〕按長江干流全長6300km。參張忠孝教授著《青海地理（第二版）》第三章《江河與湖泊》第52頁，科學出版社，2009年。

〔註158〕麗水：金沙江流入今雲南省麗江市玉龍納西族自治縣北的一段，稱麗水。《舊唐書・賈耽傳》：「故瀘南貢麗水之金，漠北獻余吾之馬，玄化洋溢，率土沾濡。」

〔註159〕犁牛河：《南詔野史》：「金沙江源出吐蕃旄牛徼外犁牛石下，本名犁牛河，又名犁水，訛為麗水。」

〔註160〕支雅阿洛火山：今已無法考證。從位置上看，當為今「各拉丹冬」（峰名）。據石銘鼎《江源首次考察記》（水利電力出版社，1990年，122頁）：「江源地區廣泛出露的火成岩，特別是江源西部有安山岩、玄武岩等噴出岩類分布，以及溫泉和地熱現象，還曾發生過較強烈的地震，也說明不能排斥曾有過火山爆發的可能性。」

〔註161〕喀齊烏蘭木倫河：又作「喀七烏蘭木倫河」。即今位於青海省海西蒙古族藏族自治州格爾木市唐古拉山鎮境內的「尕爾曲」。

〔註162〕莊門格河：即今勒池曲，在今青海省玉樹藏族自治州曲麻萊縣境內。

〔註163〕朵乃米河：即今勒瑪曲，在今青海省玉樹藏族自治州治多縣與曲麻萊縣交界處匯入通天河。

烏蘭托羅海山〔註164〕之托克托乃烏蘭木倫河〔註165〕自北來注之；曰通那馬灘之八日河、郎雲屯灘之郎河自南來注之。

　　南源出於中壩得瑪族在［東］〔六〕卡峽嘴山、那尺色山之西北麓。番名「當木曲〔註166〕」，舊名「阿克達木河」。西流經當木雲灘，納沙東河、大車湖〔註167〕、茶河〔七〕、執火莊爭河、崩卜河、那得瑪河、胖郎河。約五百餘里至當拉嶺北麓，再西北流為當木雲河，約二百里匯於正源。

　　北源出於巴顏喀喇得里奔山，曰那木齊圖烏蘭木倫河，東流千餘里折南亦匯於正源。

　　三源合於拉巴敦，稱為通天河。折而東南流千餘里，經巴顏喀喇山南麓及玉樹四族境，北有曲馬來雲河、岡吾河〔註168〕、蒲通水〔註169〕、曲水、色勿河〔註170〕、登崔那雲水〔註171〕，南有木哥河〔註172〕、牙雲河〔註173〕、科遣雲河〔註174〕、葉卡河、登俄隴水來注之。經娘磋〔註175〕、安沖〔註176〕、固察、稱多、迭達、歇武等族地，有義水〔註177〕、結古河〔註178〕、固察河〔註179〕、稱

〔註164〕錫津烏蘭托羅海山：即今位於青海省玉樹藏族自治州治多縣與海西蒙古族藏族自治州格爾木市唐古拉山鎮交界處的「烏蘭烏拉山」。

〔註165〕托克托乃烏蘭木倫河：即今沱沱河。

〔註166〕當木曲：又作「當木雲河」，舊作「阿克達木河」，又作「阿克打木河」，今作「當曲」。發源於唐古拉山北麓的玉樹藏族自治州雜多縣境內，在今青海省玉樹藏族自治州治多縣與海西蒙古族藏族自治州格爾木市唐古拉山鎮交界處匯入沱沱河。

〔註167〕大車湖：即今「尼日阿錯改」（湖名）。在今青海省玉樹藏族自治州雜多縣境內。

〔註168〕岡吾河：即今「昂日曲」，色吾曲支流。在今青海省玉樹藏族自治州曲麻萊縣境內。

〔註169〕蒲通水：今作「普通曲」，色吾曲上游支流。在今青海省玉樹藏族自治州曲麻萊縣境內。

〔註170〕色勿河：今作「色吾曲」。在今青海省玉樹藏族自治州曲麻萊縣境內。

〔註171〕登崔那雲水：即今「德曲」。在今青海省玉樹藏族自治州曲麻萊縣境內注入通天河。

〔註172〕木哥河：今作「莫曲」。在今青海省玉樹藏族自治州治多縣境內注入通天河。

〔註173〕牙雲河：今作「牙曲（牙哥曲）」。在今青海省玉樹藏族自治州治多縣境內。

〔註174〕科遣雲河：今作「口前曲」。在今青海省玉樹藏族自治州治多縣境內。

〔註175〕娘磋：即今青海省玉樹藏族自治州囊謙縣娘拉鄉。

〔註176〕安沖：在今青海省玉樹藏族自治州玉樹市安沖鄉。

〔註177〕義水：今作「益曲」。在今青海省玉樹藏族自治州玉樹市安沖鄉境內。

〔註178〕結古河：在今青海省玉樹藏族自治州玉樹市結古鎮境內。

〔註179〕固察河：即今「細曲」。在今青海省玉樹藏族自治州稱多縣境內。

多河〔註180〕、拉布河〔註181〕自南北來注之。乃折而南流約四百里，經蘇爾莽，貫百福咱山、戈立拉山入西康境，乃名金沙江。即長江正源地。

三、鴉礱江

鴉礱江，番名「咱曲」。源於巴顏喀喇山脈氣爾撒托羅海山南麓。其源有二：一曰東群曲河，一曰咱曲河〔註182〕。上源曰鄂格布拉格河〔八〕，東南流二百餘里，納車雲河、列旦公馬河、列旦班馬河、列旦朵馬河諸水；經蒙古爾津、永夏、白力麥馬、白力得馬、休馬、竹節、歇武等族地，名為瑪楚河；至馬茂刀仁地方，會馬茂河〔註183〕、謝楚河，南入西康境為小金沙江。

四、瀾滄江

瀾滄江之源有二：曰雜楚河〔註184〕，曰鄂穆楚河〔註185〕。

雜楚河，番名「雜曲」，為瀾滄江之北源。源出於格吉三族之果瓦拉沙山，又名格爾吉河。其源有二：曰雜朵曲河〔註186〕，曰雜那曲河〔註187〕。東流經格吉三族約五百里，納蒲兒河〔註188〕、欠木河〔註189〕諸水；至覺拉寺，折而

〔註180〕稱多河：在今青海省玉樹藏族自治州稱多縣稱文鎮境內。

〔註181〕拉布河：在今青海省玉樹藏族自治州稱多縣拉布鄉境內。

〔註182〕咱曲河：今作扎曲（非黃河上源支流的扎曲）。發源於今青海省玉樹藏族自治州稱多縣境內的巴顏喀拉山南麓，由青海流入四川。

〔註183〕馬茂河：今作「麻母河」。在今四川省甘孜藏族自治州石渠縣境內。

〔註184〕雜楚河：又作「格爾吉河」，今作「扎曲」（非黃河上源支流的扎曲和鴉礱江上源之扎曲）。

〔註185〕鄂穆楚河：今作「昂曲」，上游作「吉曲（解曲）」，是瀾滄江最大支流。發源於青海省玉樹藏族自治州雜多縣結多鄉唐古拉山北麓瓦爾公冰川。南流入西藏自治區那曲地區巴青縣境稱松曲，又東流入青海省境稱吉曲（解曲）。轉東南流經玉樹藏族自治州囊謙縣吉曲鄉 8 公里後進入西藏，稱昂曲。改向偏南，在西藏自治區昌都地區昌都縣匯入瀾滄江。

〔註186〕雜朵曲河：即今「托阿曲」。在今青海省玉樹藏族自治州雜多縣境。

〔註187〕雜那曲河：今作「托那曲」。在今青海省玉樹藏族自治州雜多縣境。

〔註188〕蒲兒河：即今「布當曲」。在今青海省玉樹藏族自治州雜多縣境。據高長柱編《邊疆問題論文集》（正中書局，1941 年，239 頁）：「（雜那雲、雜朵雲）二源會合後，東流經作勒寺，南有蒲爾曲自北來注。」

〔註189〕欠木河：即今「托格湧曲」。在今青海省玉樹藏族自治州雜多縣境。據高長柱編《邊疆問題論文集》（正中書局，1941 年，239 頁）：「至作慶寺（佐青寺）南，欠木河自北來注，自是東南流。」

東南流，入囊謙族地，至烏當先寸地方入西康境，會子楚河〔註190〕水，與鄂穆楚河會，南流為瀾滄江（子楚河，番名「子曲」。源出格吉族之色吾臣及山。東北流經格吉、拉休〔九〕、蘇爾莽等族地，會姜雲水〔註191〕，南流入西康境，至曲克卡地方入雜楚河）。

鄂穆楚河，亦名昂楮河，番名「解曲」〔註192〕，為瀾滄江之南源。源出唐古剌山脈之拉爾古東查山。其源有二：曰密曲〔註193〕或為穆雲，曰松曲〔註194〕或為桑雲。東北流至密松巴吾松多，名解曲河；北流七十里之更那寺，折而東南流二百餘里，經中壩班瑪、中壩麥馬、蘇魯克三族，有雅木曲河、桑木曲河〔註195〕、陌曲河〔註196〕諸水自南來注之；折而南流經囊謙族至雜千山根，會巴曲河〔註197〕水入西康境，與雜楚河合流為瀾滄江。

五、索克河

索克河，番名「索曲〔註198〕」，為怒江之上源。蒙名「哈剌烏蘇」〔註199〕（譯為黑水）。其源有二：

南源出拜都嶺古義日馬山，名古義曲河〔註200〕。東北流會於北源。

〔註190〕子楚河：今作「子曲」，瀾滄江上游扎曲的支流。流經今青海省玉樹藏族自治州雜多縣、玉樹市、囊謙縣境，在今西藏自治區昌都地區境內匯入扎曲。

〔註191〕姜雲水：即今「蓋曲」。按周希武《玉樹調查記》（青海人民出版社，1986年，52頁）注：「（姜雲）水出扎武南境慈乃拉山，有東、西二源，南流至何載尼莊合流，西南至多忍多莊東，入子曲河。」

〔註192〕解曲：今作「吉曲」。在今青海省玉樹藏族自治州雜多、囊謙縣境。

〔註193〕密曲：今作「木曲」。在今西藏自治區巴青縣境。

〔註194〕松曲：即今「松曲」。在今西藏自治區巴青縣境。

〔註195〕桑木曲河：今作「沙木曲」。源出今西藏自治區昌都地區境內，流經今玉樹藏族自治州雜多縣、囊謙縣境。

〔註196〕陌曲河：今作「買曲」。在今青海省玉樹藏族自治州囊謙縣境。

〔註197〕巴曲河：今作「巴日曲」。流經今青海省玉樹藏族自治州囊謙縣境，在西藏自治區昌都地區與吉曲相匯。

〔註198〕索曲：亦稱「素曲」、「索克占旦滾河」，意為「蒙古河」。發源於白雄以北的唐古拉山南麓，位於今西藏自治區那曲地區巴青縣境內怒江左岸，是怒江流域中流域面積最大的支流。

〔註199〕哈剌烏蘇：《中國歷史地圖集》作「喀喇烏蘇」，今作「那曲」。發源於青藏高原唐古拉山南麓的吉熱拍格。為怒江之上游，與「索曲」非同一河流。此處二河混為一河，概當時地理考察之侷限性所致。

〔註200〕古義曲河：今作「益曲」。在今西藏自治區那曲地區巴青縣境。

北源出於當拉嶺，名薩溫曲河〔註201〕，東南流納木魯長前河〔一○〕、富若河、戈保河、鮑河諸水與北源合，有沙宅河〔註202〕自北來注之，折而南流入西康境為衛楚河〔註203〕。

六、柴達木河

柴達木河，源出於布青山西麓扎遜池〔註204〕。西流為拜哈河〔註205〕，至西拉珠爾格塔拉地，南納阿拉克池〔註206〕水，名柴達木河。折而西北經和碩特西右後、西左後、西右中等旗地，有古陵昂載河、哈拉烏蘇河、烏拉斯河、白河、那莫渾河、哈拉湖〔註207〕水、三望河、引得勒河、格得爾古河〔註208〕、拜葛爾河〔一一〕自南北來注之。折而西北流，有烏蘭烏蘇河〔註209〕、布隆吉爾河〔註210〕俱自東來會，瀦為達布遜池。經行凡千餘里，河流縱橫交錯，兩岸皆為沙磧之平原，稱為柴達木盆地（烏蘭烏蘇河，在和碩特北左翼旗及達顏貝勒阿爾巴圖住處；水西北流，南會格得爾古河，北會布隆吉爾河，入於達布遜池。烏蘭烏蘇為〔與〕〔一二〕布隆吉河之間，盡為沙漠。那木渾河源出那木齊圖山〔一三〕〔註211〕，北流合白河、烏爾圖河；經西北流，有伊拉

〔註201〕 薩溫曲河：今作「桑曲」，為那曲上游。在今西藏自治區那曲地區安多縣境。
〔註202〕 沙宅河：《中國歷史地圖集》作「沙克曲」，今作「下曲河（下秋曲）」，上游作「當曲」。在今西藏自治區那曲地區聶榮縣境。
〔註203〕 衛楚河：《中國歷史地圖集》作「鄂宜爾楚河」，今作「怒江」。在今西藏自治區昌都地區境。
〔註204〕 扎遜池：《中國歷史地圖集》作「托遜池」，即今「冬給措納湖」。位於今青海省果洛藏族自治州瑪多縣境內。
〔註205〕 拜哈河：今作「托索河」。源出今冬給措納湖，流經今青海省海西蒙古族藏族自治州都蘭縣境。
〔註206〕 阿拉克池：今作「阿拉克湖」。位於今青海省海西蒙古族藏族自治州都蘭縣布爾汗布達山南麓東西向延伸的河谷盆地內。
〔註207〕 哈拉湖：舊作「哈拉池」，即今「哈拉湖」，位於青海省海西蒙古族藏族自治州天峻縣與德令哈市交界處。
〔註208〕 格得爾古河：今作素棱郭勒河。位於今青海省海西蒙古族藏族自治州烏蘭縣、都蘭縣境內。
〔註209〕 烏蘭烏蘇河：今作「烏蘭烏蘇郭勒」。在青海省海西蒙古族藏族自治州都蘭縣境，匯入托索河。
〔註210〕 布隆吉爾河：今作「塔塔楞河（塔塔棱河）」。位於今青海省海西蒙古族藏族自治州德令哈市及大柴旦境內。
〔註211〕 那木齊圖山：即今位於青海省玉樹藏族自治州與海西蒙古族藏族自治州交界處的「博卡雷克塔格山」。

泊、奈直果直河、哈拉湖、舒噶河自西來注之，拜噶爾河自北來注之，合流入於柴達木河）。

七、布隆吉爾河

布隆吉爾河，有二源：

一支西流者，為布隆吉爾池〔註212〕，源出於拜王圖嶺，合托薩淖爾〔註213〕之水，逕西流四百餘里，挾兩岸山泉入於柴達木河。

一支北流者，為布隆吉爾河，源出執克圖山，西北瀦為額勒池〔註214〕。又重出為哈順河、巴顏河〔一四〕〔註215〕，穿西流之布隆吉爾河而北，為柴達伊吉河〔註216〕，有柴達伊科河西流注之。

西有舒哈河〔註217〕、塔拉河、庫賽河〔註218〕、那們特罕河〔註219〕、巴特罕圖河，北有博門河、鄂爾根河來會，合流北入甘肅敦煌境，衍為黨河。

八、布喀河

布喀河，源出於和碩特北右末旗阿木尼厄庫山，名喀喇錫納河〔一五〕〔註220〕。南流百餘里，穿布喀山與英額池水〔註221〕合，東南流，納北來之西納

〔註212〕布隆吉爾池：又作「布隆右池」，布隆吉爾河之源。具體位置待考。

〔註213〕托薩淖爾：又作「札薩諾爾」，布隆吉爾河之源。具體位置待考。

〔註214〕額勒池：《中國歷史地圖集》作「額勒蘇池」。今作「托素湖」，位於青海省海西蒙古族藏族自治州德令哈市西南40多公里處的懷頭他拉鄉以南。

〔註215〕巴顏河：今作「巴音郭勒河」。位於今青海省海西蒙古族藏族自治州德令哈市境內。

〔註216〕柴達伊吉河：即今巴音郭勒河下游至入可魯克湖一段。

〔註217〕舒哈河：《中國歷史地圖集》作「舒合河」，今作「修溝郭勒河」或作「雪水河」，溫泉水庫上游作「舒爾幹河」。在青海省海西蒙古族藏族自治州都蘭縣和格爾木市境。

〔註218〕庫賽河：《中國歷史地圖集》作「庫庫塞河」，今作「多囊東在曲」，或作「霍蘭郭勒」。在今青海省玉樹藏族自治州曲麻萊縣境北。

〔註219〕那們特罕河：《中國歷史地圖集》作「諾木罕河」，今作「諾木洪河」。在今青海省海西蒙古族藏族自治州都蘭縣境內。

〔註220〕喀喇錫納河：《中國歷史地圖集》作「喀喇細納河」，今作「夏爾格曲」、「夏日格曲」。在今青海省海西蒙古族藏族自治州天峻縣境。

〔註221〕英額池水：今作「鹽河」、「陽康河」或「陽康曲」。在青海省海西蒙古族藏族自治州天峻縣境，與夏日格曲相匯後為布喀河。

河及罷色河水；行六十里與沙爾池〔註222〕水會；東流七十餘里，受北來之羅子河〔一六〕〔註223〕及西爾哈河〔註224〕；又東流五十餘里，納北來之濟拉瑪爾臺河〔一七〕〔註225〕，乃名布喀河；又東流七十餘里，注於青海。岸寬流深，青海左右諸水無大於此者。《清一統志》云：「即唐之大非川。」

九、湟水

湟水，番名「博羅充可可河〔註226〕」，亦名西寧河、洛都水。其源有二：

一支發源於土爾扈特南後旗境之大雪山，番名「博羅充可可河〔一八〕」，蒙名「哈達烏蘇」；東北流合日月山溝、白水河至岳水河；又北流出蒙古道口入湟源縣境，至縣城南下名南河〔註227〕。是為湟水南源。

一支發源於剛咱〔註228〕八族之東噶爾藏嶺〔註229〕，《明志》〔註230〕謂之熱水山，蒙名「卡力蓋」，有三泉：一曰伊克烏拉古兒臺〔註231〕，一曰土爾根烏拉古爾臺，一曰察哈烏拉古爾臺。南流二十餘里匯而為一，名崑都崙

〔註222〕沙爾池：又名「善池」，即今位於青海湖西北岸烏蘭縣境內的「伊和查汗諾爾」。按《水經注圖》陳橋驛注（山東畫報出版社，2003年，第22頁）：「沙爾池，當時也稱般格池，即今哈拉湖。」此說與文獻所載位置不符。據三木才《千年汪什代海》（青海人民出版社，2006年，第44頁）注：「沙爾池，茶卡鹽池以西，都蘭寺東南角。」此說為是。據文獻記載，於民國23年（1934年）後，汪什代克族駐牧於沙爾池一帶及布喀河流域。

〔註223〕羅子河：今作「峻河」、「峻曲」。在今青海省海西蒙古族藏族自治州天峻縣境，在江河鎮境內與夏日哈曲相匯稱「江河」。

〔註224〕西爾哈河：今作「吉爾門河」，或作「夏日哈曲」。在今青海省海西蒙古族藏族自治州天峻縣境。

〔註225〕濟拉瑪爾臺河：今作「吉爾孟曲」。在今青海省海北藏族自治州剛察縣境，在吉爾孟鄉境內匯入布哈河。

〔註226〕博羅充可可：按清‧張穆《蒙古游牧記》卷十二《青海額魯特蒙古游牧所在》（商務印書館，1938年，第268頁）注：「博羅充克克，舊作波洛沖科克，又或無沖字，即古湟水一名洛都水者也。」

〔註227〕南河：今作「南響河」。在今青海省西寧市湟源縣境。

〔註228〕剛咱：又稱「剛察族」。「剛咱」藏語，意為「骨髓」。為「環海八族」之一。位於今青海省海北藏族自治州剛察縣境內。東接海晏達如玉千戶部落，南臨青海湖，西連天峻縣汪什代海千戶部落，北至祁連縣之默勒河、野牛溝。

〔註229〕噶爾藏嶺：元代稱「祁連山」，《明史‧地理志》稱「熱水山」，即今「大通山」東南段。在今青海省西寧市大通回族土族自治縣與海北藏族自治州海晏縣交界處。

〔註230〕《明志》：此即《明史‧地理志》。

〔註231〕伊克烏拉古兒臺：在今青海省海北藏族自治州剛察縣伊克烏蘭鄉。

河〔一九〕〔註232〕，有巴哈圖河〔註233〕來會；東南流合土爾根察罕河〔註234〕、楊家河；至胡丹度合毛爾吉河〔註235〕；東流至湟源城南，名西河。是為湟水西源。合南源成為湟水，水勢始盛。

折而東流出西石峽，受藍巴占響河〔註236〕水；過暗門峽，至西寧境名西寧河，又名四〔西〕川河〔二〇〕，合牛心川〔註237〕、伯顏川〔註238〕、甘夷川〔註239〕、長寧川〔註240〕水；東流至樂都縣名碾伯河，又名洛都水，合碾伯川〔註241〕、瞿曇河〔註242〕諸水；經老鴉峽合上、下川〔註243〕水；出民和縣境，會大通河；至甘肅永登縣之小紫口〔註244〕，入於黃河。

〔註232〕崑都崙河：按清‧張穆《蒙古游牧記》卷十二《青海額魯特蒙古游牧所在》（商務印書館，1938年，第269頁）注：「博羅充克克河，其東有布虎圖嶺二泉，亦南流三十餘里合，曰崑都崙河。」

〔註233〕巴哈圖河：按清‧張穆《蒙古游牧記》卷十二《青海額魯特蒙古游牧所在》（商務印書館，1938年，第269頁）注：「（崑都崙河）東南流三十餘里，與巴哈圖河合；流六十餘里，入博羅充克克河。」

〔註234〕土爾根察罕河：按清‧張穆《蒙古游牧記》卷十二《青海額魯特蒙古游牧所在》（商務印書館，1938年，第269頁）注：「（巴哈圖河）入博羅充克克河，東南流七十餘里，至棟科爾廟南，有土爾根察罕河，自西南五十餘里來會。」

〔註235〕毛爾吉河：在今青海省西寧市湟源縣境，在湟源縣巴燕鄉扎藏村的莫爾吉溝口與湟水交匯。

〔註236〕藍巴占響河：即今「西納川」，上游作「水峽河」。在今青海省西寧市湟中縣境。

〔註237〕牛心川：又稱「那孩川河」，即今位於青海省西寧市境之南川河。發源於拉脊山馬雞溝峽、門擔峽，流進今西寧市湟中縣上新莊、總寨和西寧沈家寨，經西寧城西注入湟水。上游捏耳朵峽（在今湟中縣上新莊馬雞溝峽）西一段亦稱那孩川。按清董祐誠：「牛心川水，今曰南川河。」按清代楊應琚編纂《西寧府新志‧卷四地理志‧山川》（青海人民出版社，1988年，第147頁）「湟水」下「牛心川」條：「牛心川，在縣（西寧縣）治南，《舊志》指為『那孩川』。按，『那孩川』在縣治南五十里捏爾朵峽西水，流注入注牛心川。其實一川也。今謂之南川，……則牛心川無疑矣。」《甘肅新通志》將南川河作「一名石惠溝」，誤。

〔註238〕伯顏川：又稱「西川」、「西川渠」、「西川河」，即今位於西寧市境之雲谷川。

〔註239〕甘夷川：即今哈拉直溝。水發今青海省海東市互助土族自治縣丹麻鎮澤林峽，流經丹麻、哈拉直溝至高寨流入湟水。

〔註240〕長寧川：又稱「車卜魯川」，即今位於青海省西寧市境之北川河，在小橋東側由北注入湟水。

〔註241〕碾伯川：即今位於青海省海東市樂都區的碾伯川。

〔註242〕瞿曇河：即今位於青海省海東市樂都區碾伯鎮湟水南側的崗子溝，經瞿曇寺，又名「瞿曇河」。

〔註243〕上、下川：上川即今位於青海省海東市民和回族土族自治縣的巴州溝。下川即今位於海東市民和回族土族自治縣的隆治溝，又名「總堡河」。

〔註244〕小紫口：今作「小茨溝」。位於今甘肅省西固區達川鄉境內。

湟水河邊

十、大通河

　　大通河，即古浩亹水，亦曰閤門河。源出於祁連山脈之集魯肯山南麓。上源為烏蘭木倫河〔註245〕，東南流經和碩特西右翼前旗、俄博〔註246〕、永安〔註247〕、北大通〔註248〕、蘆花臺等地，納左右諸水名大通河；屈折東南流，入甘肅永登縣境，經連城、窰街至大通鎮與湟水會；合流至皋蘭西境，入於黃河。

【校勘】

〔一〕全：「金」之訛。據馬鶴天《西北考察記·青海篇》（南天書局，1936年，第102頁），應為「金河」。

〔二〕拓：「折」之訛。據馬鶴天《西北考察記·青海篇》（南天書局，1936年，第102頁）及高長柱《邊疆問題論文集·第十三題 青海之歷史地理及種族分布現狀》（正中書局，1941年，第237頁），應為「折戈河」。

〔三〕峮：馬鶴天《西北考察記·青海篇》（南天書局，1936年，第102頁）作「崐」，為「都爾達都崐都峮河」。高長柱《邊疆問題論文集·第十三題 青海之歷史地理及種族分布現狀》（正中書局，1941年，第237頁）作「坤」，為「都爾達都坤都峮河」。

〔註245〕烏蘭木倫河：今作唐莫日曲。位於今青海省海西蒙古族藏族自治州天峻縣境東北。
〔註246〕俄博：在今青海省海北藏族自治州門源回族自治縣泉口鎮。
〔註247〕永安：在今青海省海北藏族自治州門源回族自治縣皇城蒙古族鄉。
〔註248〕北大通：即今青海省海北藏族自治州門源回族自治縣浩門鎮。

〔四〕崑：高長柱《邊疆問題論文集·第十三題 青海之歷史地理及種族分布現狀》
　　　（正中書局，1941 年，第 237 頁）作「坤」，為「多拉坤都崙河」。

〔五〕據馬鶴天《西北考察記·青海篇》（南天書局，1936 年，第 102 頁）補。

〔六〕據馬鶴天《西北考察記·青海篇》（南天書局，1936 年，第 103 頁）補。

〔七〕茶河：疑為「奈河」之誤。馬鶴天《西北考察記·青海篇》（南天書局，1936
　　　年，第 103 頁）作「奈河」。

〔八〕鄂格布拉格河：原文有顛舛，作「鄂格河布拉格」。今據按臧勵龢等編《中國古
　　　今地名大辭典》「鴉礱江」詞條（上海書店出版社，2015 年，1209 頁）及葛啟
　　　揚《實用中國地名檢查表》（北平東安人文書店，1934 年，第 161 頁）改正。

〔九〕拉休：馬鶴天《西北考察記·青海篇》（南天書局，1936 年，第 104 頁）作「納
　　　休」。

〔一〇〕納木魯長前河：高長柱《邊疆問題論文集·第十三題 青海之歷史地理及種族
　　　分布現狀》（正中書局，1941 年，第 239 頁）作「納木卜魯長前河」。

〔一一〕拜葛爾河：馬鶴天《西北考察記·青海篇》（南天書局，1936 年，第 104 頁）
　　　及高長柱《邊疆問題論文集·第十三題 青海之歷史地理及種族分布現狀》（正
　　　中書局，1941 年，第 237 頁）作「拜噶爾河」。

〔一二〕為：「與」之誤。據馬鶴天《西北考察記·青海篇》（南天書局，1936 年，第
　　　104 頁），應為「與」。

〔一三〕那木齊圖山：馬鶴天《西北考察記·青海篇》（南天書局，1936 年，第 104 頁）
　　　作「那莫齊圖山」。

〔一四〕巴顏河：馬鶴天《西北考察記·青海篇》（南天書局，1936 年，第 105 頁）、
　　　汪公亮《西北地理·青海縣落之概況》（第 418 頁）作「巴延河」。

〔一五〕喀喇錫納河：馬鶴天《西北考察記·青海篇》（南天書局，1936 年，第 105 頁）
　　　作「哈喇錫納河」。

〔一六〕羅子河：《蒙古游牧記·卷十二》（第 297 頁）同作「羅子河」。馬鶴天《西北
　　　考察記·青海篇》（南天書局，1936 年，第 105 頁）作「羅色河」。「色」，或
　　　為「子」之誤。

〔一七〕濟拉瑪爾臺河：馬鶴天《西北考察記·青海篇》（南天書局，1936 年，第 105
　　　頁）作「吉爾瑪爾臺河」。

〔一八〕博羅充可可河：馬鶴天《西北考察記·青海篇》（南天書局，1936 年，第 105
　　　頁）作「博羅充克克河」。

〔一九〕崑都崙河：馬鶴天《西北考察記・青海篇》（南天書局，1936 年，第 105 頁）
　　　　作「崐都崙河」。

〔二〇〕四：當作「西」，應為「西川河」。

第五節　湖泊

一、青海湖

青海湖，在青海省之東北部，當祁連山之南坡。東距西寧二百七十餘里，
其地高出海面約一萬尺。水色青碧，自湟水上源日月山望之，冉冉如雲。青海
古名鮮水，又名仙海、西海、零海，有謂之卑禾羌海，蒙語曰「庫庫諾爾」（「庫
庫」，即青；「諾爾」，即海之意）。冬稍枯，夏稍溢。長六十哩，闊四十哩，面
積約二千三百方里，即一萬八千餘方里（洞庭湖面積約二千方哩），實我國第
一大鹹水湖也。

青海古時，面積甚廣，西與柴達木低地舊湖通連。北魏時周圍千餘里，唐
時尚有八百餘里，至今周圍約五六百里。湖之深度，在湖心達百二十呎，距岸
十里計約八十呎。全湖之形如鯿魚，口向西北。四面河流匯於海中者，大小共
有數十，較大者西為布喀河，北為巴罕烏蘭河〔註249〕、伊克烏蘭河〔註250〕，
東為倒淌河，南為大力麻河。湖水味鹹，不能飲，亦不便舟楫，故青海又謂「弱
水」，以其水力弱不勝芥葉也。

海中有二島〔註251〕，一曰海心山，狀如軍艦，即唐時所稱龍駒島。島屹
峙湖中，高數百尺，長約四里，寬約三里。後因海湖逐漸淺涸，島亦漸大。島
偏近西岸，約距三四十里。晴日登高望之，林木青蒼，寺院隱隱可見。番僧習
禪定者，冬季結冰時裹糧而入。島上亦有居民，牲畜充盈而肥壯，不如大陸之

〔註249〕巴罕烏蘭河：今作「巴哈烏蘭河」或「烏哈阿蘭河」，也稱泉吉河。位於今青
　　　　海省海北藏族自治州剛察縣境內，發源於爾德公貢麻，河道從北向南走向，
　　　　在剛察縣泉吉鄉境河水分兩股進入青海湖。
〔註250〕伊克烏蘭河：《中國歷史地圖集》作「伊克烏蘭和邵河」，今作「伊克烏蘭曲」，
　　　　又作「沙流河」。在今青海省海北藏族自治州剛察縣境，為流入青海湖的第二
　　　　大河流。發源於大通山克克賽尼哈，剛察大寺以北稱伊克烏蘭河，以南稱沙
　　　　柳河，河水分多股流入青海湖。
〔註251〕二島：據高長柱《邊疆問題論文集・第十三題　青海之歷史地理及種族分布現
　　　　狀》（正中書局，1941 年，第 240 頁），一為海心山，一為海心西山（又名海
　　　　西山、海西皮）。此處只敘其一，蓋闕錄焉。

種，剪毛採乳，冬令運出易糧，足一歲之食。島陸往來一日不得達，必在冰上經宿。

青海湖邊

美國合眾社、倫敦《泰晤士報》記者哈里森‧福爾曼 1936 年攝

二、扎陵湖

扎陵湖，在星宿海之東。《水道提綱》作「查靈海」。周圍三百餘里，東西很長而南北很狹。番語謂白為「扎」，謂長為「陵」，因湖水色白而形長，故名。黃河自西北流入，又自東南流出，蓋以此為孔道焉。

三、鄂陵湖

鄂陵湖，《水道提綱》作「鄂靈海」。西距扎陵湖五十餘里，週三百餘里。形如匏瓜，西南廣而東北狹。黃河經其中自東北流出。番語謂青為「鄂」，謂長為「陵」，因湖水色青而形長，故名。

四、達布遜湖

達布遜湖〔註252〕（即茶卡鹽池）〔一〕，在青海之西北境。一名鹽池。周百

〔註252〕達布遜湖：《中國歷史地圖集》作「達布遜淖爾（鹽池）」，即今茶卡鹽湖。位於今青海省海西蒙古族藏族自治州烏蘭縣境內。

餘里。產青鹽，青海蒙古及番族皆仰食於此。其水自錫喇庫特山之莫和爾河與布拉克池察罕烏蘇河西來匯成，又自池東南流出；經二百餘里，會巴爾虎河、柴集河〔註253〕，而淪於功〔二〕額池〔註254〕。

五、英額池

英額池，在和碩特北右末旗北境。周百五十里。為布喀河之源。一作殷格池。

六、沙爾池

沙爾池，在和碩特北左翼旗東境，當拜王都嶺之東麓。週六十餘里。東流匯於布喀河。一名善池。

七、鹽池

鹽池，在和碩特東上旗、北右末旗境，當當哈伊瑪圖山之東北。產青鹽。一名新鹽池。

八、塞什克池

塞什克池〔註255〕，在都蘭縣之西南約六十里。長約二十五里，寬約五里。產青鹽及白鹽。

九、哈拉池〔註256〕

哈拉池，在都蘭縣之西。產石鹽。又有鹵井十餘處，水位純鹹，儼然鹽井，大小不等。相傳清雍正時岳鍾琪追蘿蔔藏丹津至此，軍士病渴不能行，掘井禱天，甘泉隨地湧出，土井不涸不沒。即其遺跡云。

【校勘】

〔一〕原作者注在「產青鹽」後，於邏輯不符，現移於此處。

〔二〕抄本紅筆旁注一「英」字，意即「英額池」。與下文相合，當為是。

〔註253〕柴集河：今作「沙珠玉河」，或作「冑育渠」。在今青海省海南藏族自治州共和縣境。

〔註254〕功額池：今作「達連海湖」。在今青海省海南藏族自治州共和縣境。

〔註255〕塞什克池：即今海西蒙古族藏族自治州烏蘭縣境的「柯柯鹽湖」。

〔註256〕哈拉池：與前文「英額池」實為一湖，新舊異名。蓋作者許氏未作詳考，以致重文。

第六節　沙漠

　　青海沙漠，以柴達木平原為多。其大戈壁在柴達木北部，當合黎山〔註257〕之南。東自英額池起，西至柴達{木}〔一〕伊吉河；南自布隆吉爾河起，北至青海省邊界。東西袤二百八十里，南北一百六十里，面積約四萬四千方里。

　　其質為極細之沙，中含金沙粒。漠中空氣乾燥，有小沙陀，略生水草。南面無大山屏障，遇暴風發時，塵埃蔽天，晝為之昏，飛沙盤旋空中高數十丈，沙邱、沙淖一日數移，人跡罕至。倘遇天晴日暖，沙浪閃爍，成五色紋理，早晚常有雲氣結為漠市。蒙番見者，謂為佛國顯靈，群焉膜拜〔註258〕。據地質學者研究，沙漠地質本花崗石，以日間酷熱，夜間嚴寒，漲縮之度過烈，石質腐爛成為微細之砂，砂粒被風吹散，遂成不毛之地〔註259〕。

　　中多鹹湖。如青海柴達木及黃河附近俱有沙漠，佔地極廣。上古時，青海水面本極寬闊，迄今海岸戈壁及附近之鹽泊，俱為古時之海底無疑。沙石下必有潛水，沙愈深其質愈粗，其上浮沙極細，下層沙粒如豆，泉水即潛其中。至深五六尺〔註260〕，沙質必濕，此已成為定理。能識其泉脈所在，就其濕沙掘之，不過數尺即可見水矣。

【校勘】

〔一〕柴達木伊吉河：「木」為衍字。據上文第四節《河流》，應為「柴達伊吉河」。

〔註257〕合黎山：在今甘肅省張掖市高臺縣北。

〔註258〕引自清徐珂《清稗類鈔・地理類・青海漠市》。原文如下：「其質為最細之沙，中雜沙粒，與大漠同。漠中空氣乾燥，有小沙陀，略生水草，人畜入其中，茫然不辨南北，猶在大海風浪間，風揚沙起，則陷沙不得出。倘或風晴日暖，早晚遠望沙中，山岡蠢起，結為城郭宮室樓臺殿宇，中有旌旗，有刀劍，有寸馬豆人，各相馳驟，瞬急忽更為樹木，為駱駝牛馬獅象虎豹，又為內地人、塞外人，男女衣服悉如其制，及跡至之，都歸於烏有。古書稱崑崙之山有五城十二樓，即此種雲氣，謂之漠市。蒙、番見者，詫謂佛國顯靈，群焉膜拜而不忍去。」（中華書局，1984年，第98頁）

〔註259〕引自清徐珂《清稗類鈔・地理類・青海戈壁》注。原文如下：「地學家言戈壁地質本花崗石，以日間酷熱夜間嚴寒漲縮之度過烈，石質黴爛而為微細之沙粒，被風吹散遂成不毛之地。」（中華書局，1984年，第97頁）

〔註260〕引自清徐珂《清稗類鈔・地理類・青海戈壁》注。原文如下：「青海之柴達木及黃河附近諸戈壁佔地頗寬，上古時，青海水面本極廣闊，觀於海岸戈壁，及附近戈壁之鹽泊，為古時之海底無疑也。戈壁有石，巨者如卵，小者如豆，沙石下有潛水，沙愈深而質愈粗，其上浮沙最細，下層沙粒如米，泉水即潛其中，至深五六尺。」（中華書局，1984年，第97頁）

第七節　氣候

青海因地勢崇高，純為大陸氣候，寒暑變遷，甚為劇烈。冬季寒沍〔註261〕，空氣密集，形成最高氣壓，風勢甚烈，雨量絕無。春季空氣漸疏，當夏季改變低氣壓之際，風方絕猛，沙石飛舞，晝晦日冥，即為黑飆；乃因砂礫起落，而灰塵浮沉形成黃土。夏季始雨，惟寒期較長，六月雨雹，五月釋冰，八月即雪。冬季滿山積雪，禦寒雖重裘不暖。

境內因崇山峻嶺，地勢高低不一，各地氣候亦因之而殊異。

西寧附近黃河下流及海東一帶，氣候溫和，寒暑適中，雨量亦多，最冷時達攝氏零下二十度，最熱時不及華氏八十度。夏季早晚可著夾衣，冬季小河概被冰封。

柴達木一帶，夏季非常乾燥（一月平均溫度九度，八月平均溫度六十三度）。日中蒸汽如釜，木葉自萎，牛羊肉不曝自乾，可著綢衣。因空氣乾燥，其熱甚於江南。若遇下雪則必衣裘。冬季溫度常較海東為高，嚴冬始有積雪，十一月方始結冰，來春即釋。夏多雨雹冰塊，其大如卵，下則百卉俱殞，或有黑霜，厚積如氈，草木皆枯。

黃河上源及西部一帶，四月仍有積雪不消，河流多被冰封，五月釋冰。秋季空氣乾燥，七月即雪，晴時亦沙礫飛揚，黃塵蔽天，空氣混濁。嚴冬寒時墮指裂膚，手足耳鼻凍僵後，若加劇熱則必脫落，即在六月嚴暑，早晚猶須衣裘，其地高寒可以概見。

東南谷地及玉樹一帶，因據橫斷山脈之北端，得由塡川引入南海水汽，故頗饒雨澤，寒暑適宜。

瘴氣

甘肅多煙瘴，青海更甚，而於柴達木尤甚。瘴有三種：

水土陰寒，冰雪尚未融釋時，有氣如最淡之曉霧，是為寒瘴。人觸之氣鬱腹脹，衣襟皆濕，飲其水則立瀉。

高亢之地，日光所蒸，有氣如薄雲覆其上，香如荼蘼而有塵土氣，是為熱瘴。觸之氣喘口渴，面項發赤。

在山林險惡、林深菁密之處，多毒蛇惡蠍，吐涎草際，雨淋日炙，潰土經久不散，每當天昏微雨，遠望之有光燦然，如落葉繽紛，聞之有香噴鼻者，

〔註261〕寒沍：沍，同「冱」，水因寒冷而凍結。謂極為寒冷。

是為毒瘴。觸之眼眶微黑，鼻中奇癢，額端冷汗不止，衣襟濕如沾露，此瘴為最惡。

三瘴又各分為水、旱二種：水瘴生於水，犯之易治；旱瘴生於陸，犯之難治。犯瘴可用刀鑽等物刺入鼻尖，驗之，血色紅紫者，雖重無恙；惟血帶黑色者，無救。

多食蔥、蒜、薑〔註262〕、韭，可以敵瘴。旅行者更宜飲酒、吸煙，並攜帶辛散、解穢之藥品，以為之備。然漢人多流寓其地，不服水土者甚少。據云，鹽為人生食慣之品，草地水味大半苦鹹，雖不適口，可以禦瘴。又山中百草，水為藥氣薰融，冷飲不致腹泄。其最有關係者為牛馬糞，牛馬不食腥穢，其糞質淨而無毒，其臭氣又可解諸瘴，用以炊爨食物，尤可健人脾胃。

〔註262〕薑：同「姜」。

第四章　青海之自然區域及政治區域

第一節　青海之自然區域

青海省依自然形勢，顯可分為三個部分：巴顏喀喇山以南玉樹地方為一區，東部黃河上流為一區，西北柴達木河流域為一區。

大青海湖附近，在風土上應屬黃河上游區。黃河自星宿海曲折東北流，其支流重要者，有洮、湟二水皆於皋蘭之西入黃河。黃河上游屬乾燥之黃土帶，有水處為花園，無水處為曠野。河岸左近三四里之地，有灌溉之利，可以耕種，此外則為沙漠。此種情形，頗與埃及之尼羅河相似，故河湟流域至於蘭州可為一區。

就地勢言之：玉樹地極高峻，層峰接連，平均高度在萬五千尺以上，實為西藏高原之一部。黃河上游地勢較低，自八千尺至萬四千尺。柴達木地方為太古湖澤之遺跡，地勢低平，罕見大山。

就水道言之：玉樹在揚子江上流，故玉樹羊毛南輸西康，青海草地之羊毛則以西寧為集散地。柴達木河沒於沙漠中，與甘省北之布隆吉河、新疆之塔里木河，同屬於中亞之內陸灌域。

再就居民言之：玉樹二十五族盡屬番人，風俗大類西藏。黃河上流則為漢、回、蒙、番之雜居區域。柴達木之土著皆蒙古人，西部近於新疆，風俗兼近回部。三部分各成風氣，不分而自分矣。

總觀青海全省區，北部有沙漠，有湖泊，有柴達木河流域之草地；南部地勢特高，勒科爾烏蘭達布遜山回抱其西界，唐古剌山脈屏其南，祁連山脈亙其北，岷山、西傾山列其東，巴顏喀喇山脈斜貫中央，為黃河、長江兩大川之發

源地。青海湖、星宿海、扎〔一〕陵湖、鄂陵湖等，皆位於諸山脈之間。

省區全部又有東北盆地與西北盆地之分：東北盆地在青海湖附近，西北盆地即柴達木河流域之地。東北盆地有水草，為蒙古族游牧之地；西北柴達木亦係低濕之域，頗似古湖涸底，其西北臨新疆之戈壁，南、西、東則包以山脈，雨量缺乏，氣候乾寒。

又有人主張：青海省依自然區域，可以分為四區：一、自祁連山脈以南，之巴顏喀喇山北支以北，包括青海湖沿岸及柴達木盆地為一區。二、在南自唐古喇山脈以北，至巴顏喀喇山南支以南，包括玉樹二十五族之地為一大高原區。三、在東自日月山以東，至大通河以西，西傾山以北，包括西寧府舊有七縣而成一區。四、中部在巴顏喀喇山兩支脈中間，至甘肅西傾山、岷山之西，當黃河沿岸，包括熟番、西番諸族而成一區。

【校勘】

〔一〕舊版、新版印本及抄本俱作「禮」，「扎」之訛。

第二節　青海之重要縣市

青海設治，始於王莽，隋唐亦設郡守，然其地望止於河湟之間而已。青海以西寧府七縣隸屬甘肅，民國因之，設西寧道及寧海鎮守使，統治其地。民國十七年，由中央政府明令劃西寧道七縣及新設數縣與海北蒙旗、海南土司改建青海省，省會設在西寧，而土司、蒙旗初未取消也。除土司、蒙旗另在民族章詳述外，茲將現行政〔一〕區之重要縣市略述如左〔註1〕：

一、西寧縣

西寧，古稱「湟中」。漢宣帝時，趙充國屯田湟中，置破羌縣，屬金城郡。後漢建安中，分置西都縣為西平郡治。東晉末，西〔南〕〔二〕涼禿髮烏孤據為國都。後魏置鄯州，改破羌縣為西都。後周置樂都郡。隋為湟水縣，大業初復為西平郡。唐武德初復曰鄯州，儀鳳三年〔註2〕分置鄯城縣，天寶初復曰西平郡，後沒於吐蕃。宋初屬西夏，後復為吐蕃所據，號青唐城。宋元符二年〔註3〕

〔註1〕如左：舊時行文自右向左，以縱向為主，故言「如左」。
〔註2〕儀鳳三年：即公元 678 年。
〔註3〕元符二年：即公元 1099 年。

收復，置鄯州，又改為西寧州，置倚郭縣〔註4〕。旋廢縣，屬熙河路。元置西寧州，屬甘肅行省。明初改置西寧衛，隸陝西行都司。清雍正二年〔註5〕，改置西寧縣，屬西寧府。民國初年屬西寧道，為道治。十七年青海改省，定為青海省治。

西寧城門樓

城瀕湟水南岸，東距甘肅皋蘭六百二十里，西距青海湖二百七十餘里，南距黃河一百六十里，北瀕湟水，當小積石山脈之陰，據於六千七百五十尺高原之上。城周八里有奇，並有關廟。地當隴海出入要道。北蒙、南番絡繹於途，皮毛、藥材、魚鹽之利均委輸焉，蒙、番、漢、回各族互市於此，為西北之大都市。土地肥饒，水利稱便，農產極為發達。

二、湟源縣

湟源縣，在漢以前為西羌地。漢王莽時置西海郡，築五城徙民戍邊。相傳遺址猶在境內，今無可考〔註6〕。唐寶應〔註7〕間，陷於吐蕃。五代、宋、元，久為吐蕃、唃斯囉等所據。明正德間，蒙古酋亦不剌據此，以丹噶爾原為東科寺地，仍還給之，俾其世守。明末，漢民與蒙、番貿易，有因而世居者，遂成

〔註4〕倚郭縣：宋元時州、路治所所在之縣。
〔註5〕雍正二年：即公元1724年。
〔註6〕疑指今青海省西寧市湟源縣巴燕鄉下浪灣村的三角城。
〔註7〕寶應：唐肅宗李亨最後一個年號，即公元762年。

村落。清雍正初劃隸於西寧縣，五年〔註8〕築城垣。乾隆九年〔註9〕駐西寧主薄。道光三年〔註10〕移鎮海協鎮於此，九年〔註11〕改設撫邊同知，置丹噶爾廳。民國成立，改為湟源縣，屬西寧道。十七年改隸青海省。

東距西寧九十里，南距日月山八十里，地當青海與西藏、新疆交通大道。漢、回、蒙、番集此互市，商務甚盛。其貨物以售於蒙、番人民者，居十之八九。以蕪青、大麥、青稞為大宗，湘產湖茶、五色粗布、糖、酒又次之，餘即食物所必需、供佛所必備者無不備俱，並兼收青海出產，以備內地商人採辦。若洋商、皮商更攜鉅資設羊毛行於此，現有數十家。每年計出口皮約五萬餘張，羔羊皮三萬餘張，羊毛約三百餘萬斤，青鹽約四千擔。因其地扼青海之咽喉，為出入之所必經，且商賈雲集，以故商業日益繁盛。現已成立為青海之最大商場。

湟源縣城

三、樂都縣

樂都縣，漢為破羌縣地。晉為安夷縣地。東晉末，呂光〔註12〕置樂都郡。南涼禿髮烏孤都此。後魏改置西都縣，後廢，屬鄯州。周復樂都郡。隋開元〔皇〕〔三〕時置湟水縣，屬西平郡。唐復為鄯州，寶應初陷於吐蕃。宋初唃斯囉據之，稱邈川城。後收復，置湟州。大觀三年〔註13〕改為饗德軍節度使。宣和元年〔註14〕

〔註 8〕雍正五年：即公元 1727 年。
〔註 9〕乾隆九年：即公元 1744 年。
〔註10〕道光三年：即公元 1823 年。
〔註11〕道光九年：即公元 1829 年。
〔註12〕呂光（338～399）：字世明，略陽臨渭（今甘肅省天水市秦安縣東南）人。十六國時期後涼的建立者，公元 386～399 年在位。初為前秦苻堅部將，後割據涼州，稱酒泉公。龍飛四年（339 年）傳位於子紹，自號太上皇，不久病死。
〔註13〕大觀三年：即公元 1109 年。
〔註14〕宣和元年：即公元 1119 年。

改為樂州。明初置碾伯衛，洪武十九年〔註15〕廢，改置碾伯守禦千戶。清雍正二年，置碾伯縣，屬西寧府。民國初年屬西寧道。{五}十七年〔四〕改碾伯為樂都縣，屬青海省。

　　東距甘肅永登縣界一百二十里，西距西寧一百三十里。城瀕湟水北岸，地當青海與甘肅交通之要道，形勢極為扼要。惟因僅為過載之所，商務不甚發達。

樂都縣之老鴉堡

四、大通縣

　　大通縣，古為西羌地。漢為臨羌縣北塞。後為吐谷渾、吐蕃所據。唐置威戎軍於此。明為海寇〔註16〕麥力幹〔註17〕所據。清初為蒙古部落。雍正三

〔註15〕洪武十九年：即公元 1386 年。

〔註16〕海寇：明代時對西部邊疆環西海（今青海湖）一帶蒙古諸部的蔑稱。明嘉靖三十八年（1559 年），蒙古俺答攜其子賓兔、丙兔等數萬眾，襲據今青海湖一帶，不久賓兔據松山（即今烏鞘嶺一帶）。明代文獻稱賓兔為「松夷」，而將留據今青海湖地區的丙兔部眾稱為「海夷」、「海寇」或「套寇」，後世則稱為「西海蒙古」。

〔註17〕麥力幹：明末清初青海蒙古部落首領，駐牧於祁連山南大通河流域的。為明代正德、嘉靖年間駐牧青海蒙古部落首領卜兒孩之孫，達勒黃臺吉之侄。所轄部落人口較眾，約萬餘人，多信仰伊斯蘭教。清初甘肅米喇印、丁國棟反清起義失敗後，逃亡青海的回回軍均被其收納，安排在三角城（今湟中多巴地區），分給土地、籽種和牲畜，仿照歷代王朝屯田法，使之下馬耕牧，上馬戰鬥。並利用三角城有利地域（明清時期該地為國際貿易集散地），令一部分人從事商業貿易。隨著經濟結構由游牧轉變為定居放牧、半耕半牧，畜多糧豐，部落實力愈益雄厚，雄踞一方，其他部落不敢來犯。清朝曾設想將其收入內藩，終因鞭長莫及，未能實現。麥力幹於康熙二十三年（1684）病故，該部落由其子南力木主持。南力木軟弱無能，部落遂分散，多數人逐漸融合於祁連、大通、門源、湟中等地回族、托茂人、紅帽兒人中。

年〔註18〕以其地通甘涼，逼近青海，乃築大通、永安、白塔〔註19〕三城，置大通衛於大通城。乾隆二十六年〔註20〕改置大通縣，易駐白塔城，並撥西寧縣北川十八莊堡居民俱隸大通縣，仍屬西寧府。民國初年，屬西寧道。十七年改屬青海省。

城瀕湟水支流北川河南岸，南距西寧一百二十里，北距門源縣一百二十里，地當海北大道，為貨物出入之所，貿易亦盛。

大通縣城

五、亹源縣

亹源縣，舊為大通縣屬之北大通、永安一帶之地。（民國）十九年置縣，並以西寧縣屬之仙米寺屬地劃歸管轄。

東以拉爾加山梁與甘肅永登縣為界，西以八寶山為界，東南以唐日頭山與互助縣屬甘禪寺為界。南北三十里，東西三百八十里有奇。城瀕大通河北岸，即北大通城。其地北通甘涼，西至海北，羊毛商多集於此，商務頗盛。

六、互助縣

互助縣，舊為西寧縣屬沙塘川、威遠堡一帶地。（民國）十九年置縣。

東界樂都及甘肅至永登縣，北接亹源縣，西北接大通縣，南渡湟水接西寧。自南至北七十里，自東徂西八十六里有奇，南距西寧九十里。明嘉靖間築城。清設都司駐此，城居沙塘川西岸。

其燕麥川、沙塘川一帶，農產甚盛，其地以產酒著名，商務亦盛。

〔註18〕雍正三年：即公元 1725 年。
〔註19〕白塔：今青海省西寧市大通回族土族自治縣舊城。
〔註20〕乾隆二十六年：即公元 1764 年。

七、同仁縣

同仁縣，舊為循化縣屬之保安堡〔註21〕、隆務寺一帶地。以其地方遼闊、種族複雜，距循化縣治百四十里，統治不便，（民國）十九年置縣。

西北距西寧三百餘里。地居隆務河東岸，為各族互市之所。

八、民和縣

民和縣，舊為樂都縣屬之硤外上下川口、古鄯一帶地。硤外有二十堡，以老鴉峽山之隔絕，頗有硤內、硤外之分。（民國）十九年置縣。

東界永靖，東北界甘肅永登，西界樂都，西南界化隆，南界臨夏。東西一百里或六十里不等，南北一百五十里或一百里不等，西北距樂都縣一百八十里，距西寧二百九十里。

西漢為龍支縣故地，晉為小晉興城，明置古鄯馬驛〔註22〕。清乾隆三年〔註23〕設守備於此，城即巴煖營，在下川河西岸。漢、土、番人雜居，商賈甚盛。清初招民開墾於此，耕牧滿野。

氣候極為和暖，田畔多植果木，以產果木著名。

九、共和縣

共和縣，舊為上、下郭密九族番地。（民國）十九年置縣。

東至江拉洛衣村接西寧、巴燕，西至切吉朵爾、馬羊曲接大河壩〔註24〕，南界黃河接貴德，東北界日月山拉脊山接西寧，西北至文博塞什家山與青海為界。南北一百二十里有奇，東西三百一十里有奇。地據黃河南北關鍵，為青海精華薈萃之區。氣候溫和，物產豐富。土地肥沃，上郭密膏腴之地不下數千頃。蒙、番民族多事游牧，以致貨棄於地。近漢民多往開墾。將來交通便利，荒地成熟，可成為極富庶之區。沿河一帶森林亦多。下郭密則地瘠民貧，土人多以遊獵為生。郭密在黃河北岸，東北距西寧二百二十里。

〔註21〕保安堡：在今青海省黃南藏族自治州同仁縣隆務河谷地的保安鎮。元朝時設保安站，明朝設保安堡，後改為保安操守所。屬河州鎮管轄。民國二十五年（1936年）設保安鎮。

〔註22〕馬驛：驛站。

〔註23〕乾隆三年：即公元1738年。

〔註24〕大河壩：今作「大河壩」。位於今青海省海南藏族自治州興海縣境內。1939年由共和縣析置大河壩設治局，1945年改設興海縣。

共和縣城

十、貴德縣

貴德縣，古為西羌地。後為吐谷渾、吐蕃所據。元置貴德州，屬吐蕃宣慰司，築城，後廢。明洪武三年〔註25〕鄧愈開復其地。八年〔註26〕置歸德所，屬河州衛，隸陝西行都司，設守禦千戶。清雍正四年〔註27〕，隸臨洮府。乾隆三年，改隸西寧府。二十六年改設西寧縣縣丞。五十七年〔註28〕置貴德所。民國初年改縣，屬西寧道。十七年改隸青海省。

北距西寧二百二十里，西北至共和縣界七十里。城居黃河南岸，為青海貨物出入之所。

貴德縣城

〔註25〕洪武三年：即公元 1370 年。
〔註26〕洪武八年：即公元 1375 年。
〔註27〕雍正四年：即公元 1726 年。
〔註28〕乾隆五十七年：即公元 1792 年。

十一、同德縣

同德縣治設於拉加寺〔註29〕。地當黃河南岸，為河南蒙古四旗貿易之中心，為果洛克番族購糧之孔道〔五〕。其地為海南番族往來要地，形勢扼要。且可墾荒地甚多。

（民國）二十四年改縣。將來發展極有希望。

十二、循化縣

循化縣，舊為河州同知所駐，屬蘭州府。乾隆五十七年設循化撫番廳，改隸西寧府。民國初年改縣，屬西寧道。十七年改隸青海省。

西北距西寧二百餘里。地居黃河南岸，南番及撒拉、回族環居縣境。為各族互市之所，皮毛、番貨出產甚多。

循化清真寺

十三、化隆縣

化隆縣，舊為西寧、碾伯二縣所屬番民居地。清乾隆三年，經西寧道僉

────────────

〔註29〕拉加寺：今位於青海省果洛藏族自治州瑪沁縣東北拉加鎮。

事〔註30〕楊應琚〔註31〕以其地繫各營適中扼要之區，為四面番回雜處之境，水草豐廣，地土寬平，請設游擊〔註32〕一員，並築土城，五年竣工。又由楊應琚議請「以巴燕戎東有碾伯番民十二族，西有西寧番民十六族，地方遼闊，內有羊戎溝、囊思多等處，可墾荒地四十餘里，應添設西寧撫番通判一員，駐棗城內，其職務為管轄兩邑南山後各番族案件，董率〔註33〕開墾，徵收番糧。〔註34〕」嗣招諭番漢陸續開墾，三年俱各有收。九年置巴燕戎撫番廳，乃以鞏昌裁缺通判易駐巴戎，屬西寧府。民國四年改巴戎縣屬西寧道。十七年改名巴燕，隸青海省。二十年改名化隆。

西北距西寧一百八十里。城居黃河北岸，地勢極為扼要。

十四、察汗城

察汗城，在察汗托羅海山之南。東北距湟源一百二十里，東距哈拉庫圖七十里。

清時征噶爾丹，遣使宣諭青海諸部落集盟於此。道光三年以其地當孔道，凡諸番人口辦糧及海番渡冰上岸者，悉經此地，匪案層出，遂建城堡，以資控制。青海辦事大臣每年秋季蒞此祭海，並召集蒙番頭目舉行會盟典禮。光緒三十三年〔註35〕復建海神廟於城外，迤西為將軍臺。西望青海，水色濃綠如濯錦，天半落霞，又如金蛇萬道游泳中流，島嶼若隱若現，不可逼視〔註36〕。

〔註30〕僉事：同「簽事」。
〔註31〕楊應琚（？～1763）：字佩之，漢軍正白旗人。歷任山西河東道、兩廣總督、陝甘總督等職，進太子太師，授東閣大學士職。雍正、乾隆間，兩次蒞任西寧道僉事，歷時數十載。
〔註32〕游擊：清代武官名。從三品，次於參將一級。
〔註33〕董率：亦作「董帥」。統率；領導。
〔註34〕引自清李天祥《碾伯所志》。原文如下：「乾隆九年，楊應琚以巴燕戎東有碾邑（碾伯縣）番民一十二族，西有寧邑（西寧縣）番民十六族，地方遼闊，有巴燕戎、昂士多等處，可墾荒地四十餘里，應添設西寧撫番通判一員駐該城，內管轄兩邑（寧邑、碾邑）南山後各番族案件，量產開懇，微收番糧。」
〔註35〕光緒三十三年：即公元1907年。
〔註36〕引自《清稗類鈔·地理類·青海》。原文如下：「道光癸未，以其地當孔道，凡諸番入口辦糧，及海番度冰上岸者悉由此道，匪案迭出，乃就其地以建城堡。在隴西各鎮標內調軍弁二十四員、兵千名駐此，以便彈壓而資防護，期限一年更換，咸豐間裁。青海長官每年秋季蒞此祭海，會集蒙、番各長目舉行會盟典禮。光緒丁未，建海神廟於城外，兩山之間可望見青海，迤西為將軍臺，駐兵時為演武場將臺，自此得有漢名。西望青海，水色濃綠如濯錦，天半落霞，又如金蛇萬道游泳中流，島嶼若隱若見，不可逼視。」

海神廟

舊時海境只此一城，今為互市之所。倒淌河在其城南日月山麓，西注青海，因內地人民見水俱為東流，乍睹西流，遂有是名。河流甚緩，水味亦甘。氣候和暖，牧草豐美，從事開墾極易著手。

十五、哈拉庫圖

哈拉庫圖，在湟源之西。其地倚日月山，為青海出入要隘。

清乾隆時，築城駐守備於此。為漢番互市之場，以前貿易於西寧者，今漸改趨於此，故商貨雲集，且有日益繁盛之勢。日月山在其西，舊時甘肅、青海於此分界，山頂皆沙質紅色，即為赤嶺。唐時金城公主下嫁土番，請立碑赤嶺，以為唐與土番之分界，即此地也。

日月山以西為游牧社會，惟見荒原極目而已。

十六、恰布恰

恰布恰，在郭密之西，瀕恰布恰河。兩岸河崖甚高，其中拓為平地，田疇錯列，渠水交流，氣候溫暖，可稱「塞外沃土」。漢人在此耕種者甚多，乃前清墾務局所招徠者，然皆貧〔六〕弱，又無資本，官廳不能保護，乃皆役屬〔註37〕於番目，是以墾務不能發達。

十七、大河壩

大河壩，在呼呼烏蘇河濱。上游有地曰「助勒蓋」，一稱班禪玉池，昔為

〔註37〕役屬：使隸屬於己而役使之。

班禪過此紮帳處所。下游即呼呼烏蘇河。南岸土質膏腴，水草豐茂。迤東瀕黃河一帶至於郭密，地勢較低，森林鑛產所在多有。氣候溫暖，開墾尤易。惟毗連野番，時有搶劫。

道光初那彥成〔註 38〕勘定野番，擬在助勒蓋一帶設防興屯，卒以經費無著不果。考東漢時喻麋相曹鳳〔註 39〕上言：「西番為寇，居大小榆谷。」即今什爾郭爾河一帶，是與大河壩相近。由此以觀，河曲左右在漢唐之世已經開墾，著有成效。今猶狉獉未闢，寶藏封棄，殊可惜也。

十八、結古

結古，現設玉樹縣治於此。一名「蓋古多」。瀕結古水北岸，為扎武百戶駐地。玉樹二十五族以囊謙千戶為之長，共駐牧地在結古西南四百六十五里之色魯馬，以其地鄙遠而不適中，故向例委員蒞蒞盟者在結古。附近四山壁立，中間平地甚少。市據北山之麓，南北約二里，東西約七里。居民數百戶，多就家中貿易。所居皆土屋，甚湫隘〔註40〕。商業以茶為大宗，每年由四川輸入計有十萬馱，運往拉薩者在五萬馱以上，其餘則運銷於西康及海南一帶。以故商務甚盛，為青海南部之大商場。如交通便利，則前途發達可期。

十九、都蘭

都蘭，在和碩特西前旗境，值青海之西。現設縣治於此，為青海蒙古左翼之大市場。居民約一千六百餘戶，漢、番約有五百戶，皆以牧、獵、撈鹽為業。自都蘭以西，土地荒涼，然村居相望，旅行有停驂〔註41〕息逆〔註42〕之所。柴達木河流域，亦易於開墾，魚鹽之利極富。

〔註38〕那彥成（1763～1833）：章佳氏，字繹堂，號韶九、東甫，滿洲正白旗人，大學士阿桂之孫，工部侍郎阿必達次子，清朝大臣。歷任內閣學士、工部侍郎、戶部侍郎、翰林院掌院學士、工部尚書、內務府大臣、鑲白旗漢軍都統、禮部尚書、陝甘總督、直隸總督、理藩院尚書、吏部尚書、刑部尚書等職。曾以欽差大臣鎮壓白蓮教起義、天理教起義。道光初以欽差大臣赴西寧查辦所謂番案。著有《那彥成青海奏議》等。

〔註39〕曹鳳：字仲理，敦煌效谷人。東漢末官員，曹全祖父。歷任孝廉、張掖屬國都尉丞、右扶風喻麋侯相、金城西部都尉，建武中為北地太守。

〔註40〕湫隘：湫，音 jiǎo。低窪狹小。

〔註41〕停驂：停馬。

〔註42〕息逆：「息肩逆旅」之縮略。息肩，指讓肩頭得到休息，引申為棲止休息。逆旅是我國古代對旅館的別稱，引申即為旅店的意思。即駐店歇息。

都蘭縣城

二十、瓊科

瓊科，在和碩特南右翼後旗地。中貫湟水，西南濱海。湟水南岸最為肥沃，溝洫縱橫不假人力，山嶺環抱，隨處可設村莊。湟水北岸夾廣饒腴〔七〕，山泉湧溢，除水硤砂石外，可耕農田約有數十萬畝。全境熟地〔註 43〕現有萬畝左右。物產有察汗俄博之煤，現有土人開採，煤質極佳。森林、穀物出產甚多，並以產牛、羊著稱，是為海東之要區。

二十一、魯倉

魯倉，在貴德縣之南，連吉山之西。什爾郭河在其南，圖爾根河在其北。番、漢等族錯居，為各族互市之所。土地肥美，水利稱便。亟宜於此設局招墾。
　　將來亦可闢為縣治。

二十二、囊謙

囊謙為二十五族中之最大者。駐於色魯馬莊，轄戶二千以上。地當玉樹西南，萬山聳立，地勢極高，水流亦急。因與西康連界，險要甚多。如巴曲河半多地方，有赴昌都之路；解曲河岸雜千山麓，有經加尖某鐵橋入西康之路；又於昂布多各山口，亦有通昌都之路。附近土地肥美，耕牧俱宜。氣候和暖，出產甚多。
　　於民國二十二年改設為囊謙縣。

【校勘】

〔一〕政：原文作「改」，「政」之訛，今改。

〔註43〕熟地：指經過開墾、常年耕作和施肥，已經熟化的耕地。

〔二〕西涼：「南涼」之誤。

〔三〕開元：為唐玄宗年號，此處應為「開皇」。今改。

〔四〕五十七年：「五」為衍字。

〔五〕之孔道：原文作「孔之道」，係顛舛。今改。

〔六〕貧：新版、舊版印本俱缺字。今據抄本及馬鶴天《甘青藏邊區考察記》（甘肅人民出版社，2003 年，245 頁）補。

〔七〕腴：新版、舊版印本俱作「腹」，「腴」之訛。抄本不誤，今據抄本改。

第五章　青海之經濟概況

青海山川雄阜，發育含英〔註1〕，自成天然之產殖場。鑛有金、銀、銅、鐵、鉛、煤、翠玉、青鹽之類；動物有犛牛〔註2〕、驄駒〔註3〕、駱駝、山羊、麝鹿、狐狸及鰉魚之類；植物有樺、楊、榆、橡、枸杞、大黃、紅花、葡萄之類；工業有皮、毛、氈、褐〔註4〕、氆氌〔註5〕及乳湩〔註6〕、酥酪之類。面積之廣，物產之豐，生殖之富，寶藏之多，可推為上腴之地。惟膏腴數千里，盡棄為石田，國人不知經營開發，不知移民墾殖，貨棄於地，至為可惜。茲將青海省經濟狀況，略述如次。

第一節　墾務

青海介於甘、新、康、藏之間，面積有二百九十餘萬方里。土地大部肥沃，水草鮮美，宜於耕種。在前清時代即已注意及之。雍正十年〔註7〕，由西寧辦事大臣與陝甘藩司會奏，在青海額色爾津〔註8〕地方試辦墾務，惜辦理不久，

〔註1〕含英：內含精英。

〔註2〕犛牛：雜色牛。

〔註3〕驄駒：青白雜毛的馬。泛指駿馬。

〔註4〕褐：指粗布或粗布衣。最早用葛、獸毛製成，後通常指大麻、獸毛的粗加工品。舊時貧賤人穿用。

〔註5〕氆氌：藏族人民手工生產的一種毛織品，可以做衣服、床毯等，舉行儀式時也作為禮物贈人。

〔註6〕乳湩：乳汁。

〔註7〕雍正十年：即公元1732年。

〔註8〕額色爾津：今海西蒙古族藏族自治州諾木洪一帶。

即形停頓。至宣統元年〔註 9〕，青海辦事大臣曾亦舉辦墾務，雖日久荒棄成績未著。民國八年張廣違〔建〕〔一〕〔註 10〕督甘時，在蘭州設立青海屯墾使，後由財廳兼理，從事墾殖。民國十二年，甘邊寧海鎮守使馬麒鑒於青海墾務重要，呈請甘肅省長陸洪濤〔註 11〕在西寧設立甘邊寧海墾務總局。以馬麒為督辦，趙從懿〔註 12〕為總辦，並於各地設立分局。分全境為十區，其區分如下：

區 分	名 稱	所轄地域
第一區	西寧墾務分局	上下郭密一帶
第二區	湟源墾務分局	恰布恰、東壩、西尼等處
第三區	大通墾務分局	北大通、永安、俄博、瓊科一帶
第四區	循化墾務分局	保安、甘家灘〔註 13〕、隆務寺、拉卜楞寺等處
第五區	貴德墾務分局	昂拉〔註 14〕、魯倉及黃河南一帶
第六區	都蘭墾務分局	都蘭、香日得、巴倫〔註 15〕、宗家〔註 16〕等處
第七區	玉樹墾務分局	結古、扎武、安沖、迭達、竹節、休馬等地
第八區	囊謙墾務分局	雜楚河及蘇爾莽等地
第九區	大河壩墾務分局	切吉、河卡、班禪玉池一帶
第十區	拉家寺墾務分局	黃河南蒙古四旗及果洛克番族地

其各分局局長，即以各縣知事及理事兼任之。開辦未及一年，以蒙、番牧

〔註 9〕宣統元年：即公元 1909 年。

〔註 10〕張廣建（1864～1938）：字勳伯，安徽合肥人。早年入淮軍聶士成部為軍佐。因功受到巡撫袁世凱的賞識，逐漸成為袁世凱心腹。辛亥革命期間，任山東布政使，後接替胡建樞改署代理山東巡撫。1912 年民國成立後，調為順天府府尹。1913 年 12 月，獲授陸軍上將軍銜。1914 年出任甘肅都督兼民政長，督理甘肅軍政大權。1915 年 12 月被授予一等子爵。1921 年被北京政府免職。1937 年回到合肥老家，1938 年逝世，終年 74 歲。

〔註 11〕陸洪濤（1866～1927）：字仙槎，江蘇銅山人。北洋軍閥將領。畢業於天津武備學堂炮兵科，與段祺瑞、王占元是同學。清末在甘肅任新軍督操官，歷任甘肅常備軍第一標第一營管帶、第一標標統、涼州鎮總兵。1913 年任隴東鎮守使。1921 年任甘肅督軍等職，參與捕殺革命黨人。1924 年甘肅陸軍第一師（暫編）師長兼任甘肅省省長。1925 年辭職。先屬皖系，後投直系。1927 年8 月 31 日病死於天津。

〔註 12〕趙從懿：原甘肅都督趙惟熙之子，馬麒幕賓之一。時任西寧縣長。1928 年與周希武、朱繡等一道受青海方面馬麒委派，赴蘭州與國民軍協商和平解決時局問題。在蓮花臺事件中，周希武、朱繡被當場射殺，趙從懿以佯死幸免。

〔註 13〕甘家灘：今作「甘加」。在今甘肅省甘南藏族自治州夏河縣境。

〔註 14〕昂拉：在今青海省黃南藏族自治州尖扎縣境。

〔註 15〕巴倫：今作「巴隆」。在今青海省海西蒙古族藏族自治州都蘭縣境。

〔註 16〕宗家：今作「宗加」。在今青海省海西蒙古族藏族自治州都蘭縣境。

地，漢人領墾者〔二〕多，因之時起糾紛，阻撓墾務；加以省庫支絀，經費無著，乃行停辦。十五年，劉郁芬〔註17〕為甘肅省政府主席，乃於西寧設立西寧區屬墾務總局，即以西寧區行政長林競〔註18〕兼墾務總辦，以朱繡〔註19〕為會辦，總局附設於區公署。並於各縣及理事署設治局設立分局，積極進行。當時領地墾土者極為踴躍〔註20〕。

西寧區屬墾務總局委任狀

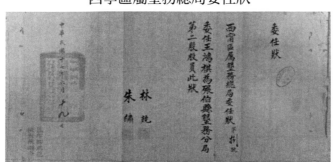

現存青海西寧祁萬旭先生處

青海墾務自西寧設局以來，附近各縣俱已漸次墾熟。在湟源境內新墾之地約有二千餘石（青海計算地面不以畝數區分，而以所播種子之數計算，每畝約

〔註17〕劉郁芬（1886～1943）：字蘭江，河北清苑人。曾任第十六混成旅參謀長、第二十二旅旅長、國民軍第一軍第二師師長、代理甘肅督辦、甘肅國民軍總司令、綏遠都統、甘肅省主席、護黨救國軍第五路總指揮、第二軍團總司令、代陝西省主席等。抗戰期間，叛國投敵，淪為漢奸，任汪偽政府開封綏靖公署主任、軍事委員會委員、軍事委員會總參謀長等職，1943年病死。

〔註18〕林競（1894～1962）：被稱為民國時期西北拓荒第一人。浙江平陽縣霞關（現蒼南縣）人。名維瑞，字烈敷，畢業於日本東京政法大學。民國時期曾任青海省政府委員兼民政廳廳長，甘肅省政府委員兼民政廳廳長，浙江省參議會秘書長。1962年卒於臺灣。著作有《西北叢編》、《新疆紀略》、《西北旅行記》、《中國必能復興》等。

〔註19〕朱繡（1887～1928）：字錦屏，今青海湟源縣人。近代青海名士，馬麒幕僚，為民國時期政治活動家、民族教育家。有「邊事專家」之譽。受西寧道尹黎丹賞識，相繼薦為西寧道尹公府隨員、西寧道屬參議會議員。歷任寧海蒙番師範學校校長、寧海籌邊學校校長、甘肅省立第四師範學校校長，興辦青海教育。1925年作為馬麒的代表前往北京參加段祺瑞主持召開的藏後會議，並面謁了病中的孫中山。此後，加入中國國民黨，為國民黨在青海的發展積極工作，先後三次擔任國民黨西寧縣黨部委員。為振興實業，擔任青海墾務局會辦，積極推廣墾務。還最早發起組織過「西北問題研究會」。民國時期革命志士、《京報》主編邵飄萍稱其「乃今世奇地異能之士」，引為「刎頸之交」。1928年蓮花臺事件中中彈身亡。

〔註20〕踴躍：同「踴躍」。

可播種子二斤餘），郭密及恰布恰一帶約有一千餘石，黃河南磨渠溝有二百餘石。在玉樹境內之通天河流域，自協曲口以下沿河兩岸及固察、稱多、拉布〔註21〕、歇武、義曲、結古諸水濱及子曲、咱曲、鄂木曲諸河兩岸，皆早已耕種成田。此外在切吉、行滙爾什迭及河南之汪什科各地，土人相聚自墾者亦甚多。

青海開墾後種植的蔬菜

《西北通訊》1947 年第九期

惟因居民稀少，游牧者不願耕種，加以當局權力不及，無法保護，以故可墾而猶荒棄之地為數甚鉅。如汪什科、莽拉川一帶，可墾之地約有一萬數千石；行滙、大河壩、可可烏蘇一帶約有一萬二千石；窩約、切吉一帶約有五六百石；海西青海王旗及五柴達木地方可墾者不下十萬石。以上各地俱溫度適宜，雨量充沛，誠屬耕種之良區。地利未闢，良可歎惜。

由此可見，青海宜墾之地極多，而內地人口稠密，幾無隙地以為耕種，急宜移民墾荒，以固邊防。現在已墾之地，不及百分之一，如能由中央及地方政府共同計劃，妥籌的款，委任得人，移民開墾或移兵屯墾，青海實可為一最大之農牧區，不難容納數百萬人也。如此，則國防無西顧之尤，亦可根絕列強內侵之望矣。

【校勘】

〔一〕張廣違：舊版、新版印本及抄本俱作「張廣違」，「違」為「建」之訛，應為「張廣建」。

〔二〕者：新版、舊版印本此處闕落。按理校法，根據語法結構判斷，此處當為程度副詞，「甚」、「較」或「過」均有可能。抄本以「者」擬補，後有加「（？）」表疑，今依抄本補。

〔註21〕拉布：在今青海省玉樹藏族自治州稱多縣拉布鄉。

第二節　農產

青海全區地勢高聳，氣候寒燥，然受橫斷山脈濕氣之灌注，尚不缺雨，故沙漬廣野之中，蒙、漢、土民開田墾殖。山原耕牧之地，寬衍肥腴。穀類有小麥、青稞、粟、黍、蕎麥等類，擇地播種，耕而不耘，至秋見黃而熟，即行收割。雜糧有豌豆、菜子、蠶豆等。蔬菜有韭、蔥、蒜、馬鈴薯、蕪菁等。果有李、梨、棗、桃、葡萄等。氣候偏寒，地多砂田，然撥開砂礫，播種於砂礫以下之壤土內，又覆掩之。因砂礫原為河流衝擊之地層，其中所含鑛質養分甚富，故不虞亢旱，且可獲早熟。

青海向為游牧之地，對於農耕不甚講求。如通天河、子曲、雜曲、拉布寺溝等沿岸之地，比較和暖，可種小麥。結古在陰曆六月，平均早華氏五十五度，午七十五度，晚六十度；小麥種期在陰曆三月初，青稞四月種，八月為收穫之期。惟扎武三族種收田禾，皆聽命於活佛、喇嘛。彼言何時種收，即於何時種收。收穫只按次序，不論生熟。如自東而西收穫，雖東方尚青，西方早熟，亦須先東後西。犁田時以橫木縛於兩牛之角，中用長木引梨，祇知用角力，而不知用肩力〔註22〕。至耕種地段，因土曠人稀，務農者少，故隨意耕種各不相連，亦不方整，且歲易其處，甚至一易再易。間用馬糞為肥料，永不鋤草，量地亦無畝數，以播種之多寡為比率。其地可耕者甚多，而現用耕法過於簡拙，似以加以改良，使其發達。

玉樹藏人收穫麥子

〔註22〕注者按：俗稱「二牛抬槓」。周希武《玉樹調查記》記載：「犁田之法，以橫木縛於兩牛之角，中屬長木引梨，知用頭力，而不知用肩力。」見周希武《玉樹調查記》卷下《實業》，民國九年（1920年）三月商務印書館初版，第二十六頁。

青海現惟西寧、互助、樂都、民和、貴德各縣耕種尚為發達，年來甘肅產糧不足，亦多仰賴青海供給。

一、糧食類

小麥，產於西寧、互助、樂都、民和、玉樹等處。每年四月播種，九月收穫，用水磨研成麥粉，以製麵條或饅頭，為青海人民日常之食品。麥之皮屑曰「麥麩」，富於養分，用飼牛馬。麥稈堅強者可以蓋屋；若鮮明柔嫩者，可為飼料之用。

青海拔麥女郎

《西北通訊》1947 年第九期

青稞，又名黑麰〔註23〕，為麥之一種。較麥實為大，而微色黑。青海各縣均產之，以西寧、互助、樂都等縣產量最多。曝而乾之，磨粉可製糌粑，為青海蒙、番民族之主要食品。並可製酒，其性甚烈。

〔註23〕麰：音 móu。大麥。

香日德之青稞

粟，又名小米，有黃、白二色之分。產於西寧、樂都、貴德、大通等縣，以樂都產者最佳。用之煮粥，並可以釀黃酒。其乾可供牲畜飼料。

玉蜀黍，俗名包穀，又名玉米。實有黃、白、紅等色。青海各縣均產之。土人用為食料。

豌豆，有黑、白二種。青海各縣均產之。磨粉以製糌粑，與青稞同一功效，為蒙、番人民日常食品；又可用為馬料。其葉嫩時可食，謂之「豆苗」。

蠶豆，俗呼「大豆」。青海各縣均產之。用為食料，葉、莖可為肥料，並飼家畜。嫩時亦可食。

蕎麥，有甜蕎、苦蕎之分。產於西寧、樂都、大通、湟源等縣。其實可磨麵作餅，以供日常食品。細滑如粉，亞於麥麵。

燕麥，俗稱「野麥」。青海各縣均產之。為土人大宗食品。惟性較寒，且不易消化，非素嗜者食之，輒易停積。

胡麻，俗稱「芝麻」，亦名油麻、亞麻。產於西寧、樂都。每年立夏播種，立秋前即可收穫。與內地芝麻為同類，但顆粒大而富於油分，胡麻子用冷榨或熱榨均可取油，名胡麻油。其色深棕，乃重要之乾性油。土人用於調羹，甚為香美，惟其味不如香麻油之適口；又可為澤髮、燃燈之用；因其性易乾，又可為油漆及印刷油墨等用途。如能種植合法，產量增加，則輸出日多，用途亦可推廣。故其價值在油類中為最高。胡麻榨油每百斤可得三四十斤，至少亦有二十餘斤，不似豆之餅多油少。胡麻餅亦可用飼牲畜，最易肥壯。

蕨麻，一種可食之根類，亦名長壽果。青海各地隨處均可掘取。可和小米粥食。

二、菜蔬類

韭，葉長而扁平，肥而嫩者。味甚美。西寧、樂都等縣均產之。其根初發名「韭黃」。人謂韭之美在黃，味甚香冽。

蔥，亦名胡蔥，味較大蔥為香。西寧、樂都均產之，大蔥則各處均產。氣味甚大，土人多生食之，謂可避瘴。

蒜，臭氣甚烈，根、葉均可食。青海各縣均產之。土人亦多生食。

白菜，即為菘，分為二種：柄厚而色青者，俗稱青菜；柄薄而色白者，即為白菜。青海各縣均產之。其子可以榨油，每子百斤可得油四十斤左右。

蓮花白，又名包心菜。產於西寧、樂都等縣。

蘿蔔，產於西寧、樂都、民和等縣。有紅、白二種：白者甚大，有七八斤者；紅頭、青頭者最小，土人呼為「扣子蘿蔔」。味甚甘美，可以生食，菜蔔子可入藥。

胡荽，又名鹽荽，俗呼「香菜」。產於西寧、樂都。冬、春採食，味甚香美，置於牛羊肉內可避膻氣。實亦辛香，可為香料。

番椒，俗名辣椒，色紅，味辣。西寧、樂都均產之。

洋芋，即馬鈴薯，圓如馬鈴，味略如甘諸〔註24〕。青海各縣均產之。土人用為食品。

薯蕷，俗稱山藥，地下莖多肉，長者至尺餘。家種可供食，野生者可入藥。惟樂都產之。

胡瓜，俗稱黃瓜，實長尺餘，色有黃、白、青等色，有刺甚多。可生食。產於西寧、樂都。

番茄，形長而小。西寧所產。有長尺餘者。

茼蒿，嫩葉甚香美。西寧、樂都均產之。

黃芽菜，為菘之變種，經人加工培養而成。葉與柄皆扁闊，層層包裹，全體成圓柱形，頭端成球形，球末可食，柔軟甘美。惟樂都產之。

菠菜，根色赤，味甚甜。青海各縣均產之。

萵苣，俗稱萵筍。產於西寧、樂都。可以醃藏或醬漬。

薤〔註25〕，狀如韭而中空，莖如小蒜，謂之薤白。可為食。產於樂都、民

〔註24〕甘諸：即甘蔗。《史記·司馬相如列傳》：「諸蔗猼且。」《說文》：「藷，藷蔗也。」
　　　　《康熙字典》「蔗」字下注：「甘蔗一名甘藷，南北音異也。」
〔註25〕薤：音 xiè。別稱藠（jiào）頭。百合科蔥屬多年生草本植物。

和等縣。

蕪菁，即為蔓菁之根，多肉，扁圓。可供食。各縣均產之。

芸苔，亦稱油菜。產於樂都、西寧。莖可供食；子可榨油，謂之菜油，可為烹調及燃料之用。

稨豆，其莢嫩時可以充蔬。產於樂都、西寧。

髮菜，苔類，亦稱石髮菜，黑色，形如亂髮。產於濕地，青海各地均產之。

金針菜，以萱草花之單瓣曝乾者為之，又名黃花菜，味甚甘美。產於西寧、樂都。

菜瓜，亦稱生瓜。產於樂都。實色綠，堅硬。入醬中漬之，味美可久藏，謂之醬瓜。生亦可食。

冬瓜，產於樂都。為長圓形，嫩時色綠、有毛，老則蒼色，上浮白霜，子可入藥。

南瓜，形扁圓或長，煮熟可食。子亦為食物。青海各縣均產之。

瓠瓜，實長尺餘，大者至二三尺，夏月供食。又有一種，上部細長而下端圓大者，稱為葫蘆；老熟後剖之為瓢，用以挹〔註26〕水及盛酒漿之用。產於青海各縣。

豇豆，莢長尺餘，又稱長豆。嫩時為蔬，老則收子貯以為食。產於樂都、西寧。

葵，俗稱向日葵。子可食，甚香，並可榨油。青海各地均產之。

蘑菇，菌類，多生於低濕處及枯樹幹上。佳者色白，新生者味極鮮美。凡山坡平陸隨處皆是。因其產多而價賤，商人多運入內地，可獲重價。產於大通、亹源、郭密、柴達木、剛咱族及祁連山南坡一帶。

菌，有黃菌、白菌之分。其味略遜於蘑菇。產於烏蘭木倫河北岸、剛咱、青海西北岸、柴達木一帶。

冰薩爾，形圓如西瓜，子、味、色均似黃瓜，生、熟皆可食。想為黃瓜之變種。柴達木一帶產之。

必克騰，產於柴達木。根似仙人掌，葉如萵苣，手擘〔註27〕之，加酸辣，味頗美。近亦有移其種於內地者，取其子，曬乾用之，勝於茴香。惟擇食宜慎，

〔註26〕挹：音 yì。舀，把液體盛出來。
〔註27〕擘：音 pǐ。掰，用力使其脫離原來物體。

恐地質不潔，易中其毒。

董，又名旱芹，莖、葉味苦，淪之則甘。產於樂都。

三、果實類

棠梨，俗呼「野梨」，味甘酸，形甚小。各縣均產之。

沙棠，實紅，味如李，而無核。產於樂都、西寧等地。

梨，俗呼「冬果」，味甘，形大而長。青海各地均產之。

花紅，林檎〔註28〕之一種。形似蘋果而小。各縣均產之。

李，形圓，全熟則紅，味略酸。產於西寧、樂都、群科等地。

杏，實熟色黃，味甘。貴德產者形大而味佳。杏仁味亦甘香，並可入藥。

櫻桃，形圓如小珠，色紅味甘。產於西寧、樂都。

海棠果，形如山楂，色紅，味酸。各地均產之。

楊梅，形如彈丸，有多數小粒突起。熟則紅紫，味甘而酸。產於樂都。

冰梨，產於樂都。俗呼「軟兒梨」。其狀愈腐爛不堪者，味愈甘，食時須用涼水洗之則軟，熱水轉硬。食之可解煤毒，其效甚速。土人嗜之，有如北平人食綠蘿蔔然。

棗，產於樂都、群科。味甚甘美，鮮者尤佳。土人採李、棗貯之大桶，令其發酵而製酒。有甜、酸二種。

西瓜，瓢有紅、黃、白等色，味甘，多汁。夏日食之，可以解暑。以產於民和縣之享堂者為最佳。

葡萄，產於都蘭、大通河、剛咱族、青海西北岸、布喀河一帶。味甚甘美，尚不及新疆所產。因土人不知培薄〔註29〕刪密〔註30〕之法，任其自然滋長，枝葉亂入荊棘。苟能種植得宜，則碩茂蕃實，可為製酒之資料。

香瓜，形橢圓，長三四寸，味甘美，有香氣，亦稱甜瓜。青海各地均產之。

胡桃，亦名核桃，實如青桃。熟後漚爛皮肉，取核而食其仁。以樂都產量為最多。

林檎，俗稱沙果，形圓，味甘酸。各地均產之。

〔註28〕林檎：亦作「林禽」，又名花紅、沙果。下文有載。

〔註29〕培薄：一種農作物種植技術。為促進孕芽生根，培土時一般對黏土和低山、平地土壤及新苗種植土壤要培薄。

〔註30〕刪密：一種果樹修剪方法，又叫疏刪密生枝。

四、藥材類

大黃，產於深谷。春初掘取其根，切成薄片曬之使乾，為重要健胃藥品。其性瀉泄酸快，有「將軍」之稱。亦可為染料之用。產於大雪山、柴達木、郭密、囊謙、扎武、拉達、布慶等處。為輸出品之大宗。由西寧運銷於內地者，年約數千擔。

枸杞，一名枸杞子。形尖，色紅，味甘如葡萄。可為滋補之劑。產於巴延河兩岸及郭密、西柴達木，以巴延河之產量為最多。

阿魏〔註31〕，產於大雪山。截其根，流白汁如乳，俟乾後刮取，經久凝成塊狀，即為「阿魏」。臭氣甚烈，可為祛痰、驅風、散毒等用。

獨活，又名羌活。根可入藥。產於大雪山。

肉蓯蓉，產於大雪山。為寄生植物。莖為肉質，長尺餘，成短柱形。夏日叢生於肉莖之上部。莖可入藥，為滋補之妙劑。

知母，產於格吉三族一帶。根可入藥。

雞頭參，以形得名。產於大雪山、柴達木。

琵琶參，以形似得名。初出土時，味甘，色似薑。產於柴達木一帶。

草參，產於大雪山、柴達木、郭密等地。根為補劑，長者五六寸。每於山坡掘得之。

當歸，產於柴達木、大雪山、郭密。根可入藥。

貝母，地下莖如小貝群聚，色白。可為藥。產於格吉三族一帶。

紅花，產於西柴達木、玉樹一帶。初冬開花，淡紫色，花呈六片，甚香。採花柱曝乾，香氣尤烈，為健胃通經之劑。花以紫色為上，浸一枝於杯中，有紅絲一縷下注，瞬息水作淡紅色，此係野種；若移植家種，明年即變種為紅色矣。又可為製胭脂及紅色顏料之用。

蟲草，為菌類寄生植物。冬春之際，寄生於蠕蟲動物，形略似蠶。至夏初之時，從尾部長一黑色之單葉出生土外，即為蟲草，夾雜草內，不易發現。採掘者伏地而側視之，始可尋獲。入藥可為補劑，並可治肺病。步慶、中壩、格吉等地產之。

甘草，產於郭密，以當哈伊瑪圖山產量最富。味甜。其莖及根皆可為藥。

〔註31〕阿魏：中藥名。又稱薰渠、哈昔泥。為傘形科植物新疆阿魏或阜康阿魏的樹脂。春末夏初盛花期至初果期均可採收，但以盛花期採收為佳。生於戈壁灘及荒山上。

芍藥，產於郭密。根有赤、白二色。可供藥用。

鎖陽，產於大雪山。狀如馬鈴薯，味澀，性熱。為壯陽藥劑。煮熟食之，身體不虞寒冷。

黃芪，產於大雪山。根肥大，可為補劑。

雪蓮，產於大雪山、積石山。生於積雪之中。花形略似蓮花，色綠，莖高五六寸，花葉之間多白色茸毛。可為婦科要劑。

藏青果，產於玉樹一帶。形似棗核，色黑，甚小。可為袪熱之劑，治喉症多用之。

藏桃，產於玉樹。形似桃而大，皮黑，肉白，甚為堅硬。磨汁敷之，可治婦女乳症。

藏棗，產於玉樹一帶。形如棗，色白，味甜。可為補品。

雪猴子，形略似猴，莖、葉、色、狀亦如雪蓮。多生於高山之上。為婦科要劑。大雪山產之。

茜草，產於大雪山。為婦科要劑，亦可為紅色染料。

藥草，產於柴達木、大雪山。色紫，瓣長貼地，道過者多摘之。可治目睛昏翳之症。

第三節　林業

青海多天然森林，以柏、楊為大宗。其他如松、樺、榆、橡與蘇木皆有。大者在合圍以上。柏子可為食料；橡實、蘇木可為染料。深山僻地，大木為風所拔；日炙風吹，每至秋後燒荒，同歸於燼。山中雖有巨材，以山川阻塞，運輸極難，故森林之多，無地不有。

如共和縣境黃河上游兩岸，森林繁茂；河南之汪什科、先木多一帶，森林亦盛；至港哇、大河壩以及往西之可可烏蘇等地，有居力蓋、丹巴托、力合三家之林。皆松、柏、楊、榆之屬，綿亙數千里，日光不透，粗者有十數圍。青海王可可貝勒之地，松柏亦蕃。宗巴受、巴隆之西南山中，科㮋克之北山中，以及臺吉乃爾等地，森林亦廣，人跡罕有至者。其他如查哈噶順山、阿牙爾巴勒山、都蘭、玉樹、囊謙、蘇爾莽、巴燕峽、郭莽寺等處，以及湟水兩岸所有山谷，盡是森林。

惟因密生之故，俱矮小；而大森林從來未經採伐，除寺院修廟及附近漢人

斫伐者外，其餘有僅取柏葉，以為香料而已。一因青海人民大都不建木屋，不燃木材；二因崇信佛教，謂山林有神憑臨，不敢損折。且謂向屬無林之地，如植以樹木，神必加以不樣，以故許多宜林之地，俱係童山〔註32〕荒谷。如能注意造林，前途實大有希望。

　　青海為我國二大河流發源之地，水源極富。首宜曉示人民以造林之利益及方法，使其廣植林業，不難遍地蒼蒼也。

青海省政府提倡造林以來成績顯著

第四節　鑛業

　　青海鑛產極為豐富。然於各種鑛質及產量，尚無確實之調查。又多為部落酋長或寺院喇嘛所封禁，不許開採，謂為有關地脈，遂致貨棄於地，良可惜也。如能一律開放，並用新法開採，僅砂金一項，其價值即甚可觀。茲分述其重要鑛產如左：

〔註32〕童山：不生草木之山。

一、金

本省產金甚豐。以砂金為多，山金次之。因皆在深山之中，開採甚難。

祁連山地質屬元古紀〔註33〕至古生紀〔註34〕之變質岩層。英中富有石英脈縱橫交錯，脈中含有金質。此種岩層侵蝕之後，隨水流下，積成砂礫，金質亦隨而聚集，因成砂金鑛床。故北部砂金之分布，幾與祁連山脈息息相關。如大通河流域，砂金最盛。多用土法淘金，年可產一萬兩左右。採金就平地挖掘，或就山開洞，去其大塊，聚其砂礫。其距河流近者，則開槽引水，將砂礫背負至槽中，用水淘之；距水稍遠，則用活底木箱，用騾馬馱運河岸，然後沖洗。浮質即去，金與砂相雜，是為金砂。再將此砂置淘器中，淘洗之。其器形如箕，乃用木版製成。所得淨金多成不規則之鱗片，徑約一二公釐，名曰麩金。砂礫中含金之量甚微。每人每日工作所得不過一二錢，有時則一無所得，普通則日產數分。挖金者以回民為多。大通金廠金夫數目，自民國五年至八年，平均約二千二三百名。至其解納金課之法，係照金夫數目而定。每人每年徵課金一錢五釐，歷年所解，平均約二百五十兩左右。假定每一金夫能淘金約二兩左右，則年產當有五千兩之譜。樂都之丁羊谷亦有金鑛。

中部之柴達木河、貢爾力蓋、大河壩、郭密、卡佛山、道佛溝、瑪沁雪山、瑪尼圖、鄂果圖爾、查哈嘎順山一帶，皆產麩金及金粒，而以瑪沁雪山所產為最富。瑪沁雪山多紅砂、紅土，盛產麩金。鑛質精良，為青海著名之金鑛。歷年由湟源、貴德等處人民及外境商人招募鑛丁開採，產額年有增加。前清光緒十四年〔註35〕派駐金廠防兵，自湟源至瑪沁雪山共設七站。嗣因果洛克番族劫掠金廠，因之停止。至三十三年乃恢復金廠，因採掘者日見增多，乃專練鑛務馬隊，往來保護，歸西寧鎮總兵督辦。增募壯丁，擴大金廠組織，責成鑛目，並派員駐廠監視開採，徵收課稅。其煉金之多寡，視鑛之肫〔註36〕薄而定。大

〔註33〕元古紀：今作「元古代」，屬於隱生宙。時間為距今2500～542Ma，是緊接在太古代之後的一個地質年代。這一時期形成的地層叫元古界，代表符號為「Pt」。元古界的岩石變質程度較淺，並有一部分未變質的沉積岩。主要有板岩、大理岩、千枚岩、白雲岩、石灰岩、葉岩、砂岩和冰磧層等。

〔註34〕古生紀：今作「古生代」，屬於顯生宙。時間為距今542～251Ma，上一個代是元古代，下一個代是中生代。古生代包括寒武紀、奧陶紀、志留紀、泥盆紀、石炭紀、二疊紀。其中寒武紀、奧陶紀、志留紀又合稱早古生代，泥盆紀、石炭紀、二疊紀又合稱晚古生代。

〔註35〕光緒十四年：即公元1888年。

〔註36〕肫：音chún。同「純」，整體，全。

約挖砂百斤，至少可得金二兩有奇，至多有二十五兩。政府稅其什之一，不立定額。三十四年〔註 37〕收課八十餘兩。宣統二年〔註 38〕收課四百兩左右。然計贏餘，除官兵薪餉外，所餘無幾。因其地孤懸塞外，毗連野番，商旅輒遭劫殺，兵力單薄，保護難周；加以交通不便，金苗雖旺，不能發達。據《西寧鑛產調查冊》所載：「柴達木金鑛，在清光緒二十七年〔註 39〕以前，每年僅三十兩有奇。嗣後，歲產七十五兩有奇。三十二年至三十三年，達一百二十餘兩。宣統元年，三百二十餘兩。其產量可謂盛矣。」

南部之玉樹、稱多、娘磋界內通天河兩岸，皆為產砂金之區域。昔時雖有開採，然因其淘金之法過拙，故一人竭一日之力，往往所得不足一飽。且無論土人或客商欲往開採者，必先納費於土司、頭目，方得開採，因之產額不多。

二、銀

青海銀鑛產量亦富。已經採出者，有噶順山、隆沖河、瑪尼嶺、希拉朵山、柴達木、郭密、貴德、可魯西部之大小柴旦一帶，以隆充河所產為最佳。現有蒙番人民從事開採，運至湟源銷售。漢人以其地方荒僻，多未敢逕往。

三、銅

青海紅銅最盛。產於海北之木勒哈拉、海南之香日得及可魯西部之大小柴旦一帶，其他如瑪尼嶺、切吉以西三十里之蒙岡山及海北之完麻等處，亦有銅鑛。

四、錫

青海錫鑛，產於圖馬河、臺吉乃爾、汪什代［克］〔一〕及馬龍山溝一帶。惟俱用土法開採，產量甚微。

五、鉛

青海鉛鑛，盛產於西柴達木、圖馬河、瑪尼嶺、烏蘭代克山、希拉朵山及科魯克、臺吉乃爾、保安一帶。土人掘坑鎔消，鑄成大塊。售於內地者甚多。鉛質極為優良。

〔註 37〕光緒三十四年：即公元 1908 年。
〔註 38〕宣統二年：即公元 1910 年。
〔註 39〕光緒二十七年：即公元 1901 年。

六、玉

翠玉，產於玉樹、格吉族境之雜楚河濱。

七、硼砂

硼砂，產於柴達木、那木山〔註40〕、科魯克、臺吉乃爾及木勒所屬之野牛溝一帶。

八、石膏

石膏在青海境內產地甚廣。皆生於紅色層岩之內。有時成極厚之層，自遠望之，即可辨識。西寧、樂都及西柴達木一帶，產額極多。惟因無銷場，故多未開採。石膏為硫酸鈣，可為間接肥料，有中和鹼性土壤之功效。

九、硝

硝，產於大通河流域、青海西部、柴達木、科魯克、臺吉乃爾及可可貝勒一帶。

十、硫磺

硫磺為青海鑛產之冠。磺多之區，地中蒸氣甚大，與大黃之性適相反，且附近多溫泉，隆冬不冰，其水如沸。如青海西部、柴達木南部之那木山、瑪尼圖山等處產之。

十一、鐵

鐵鑛，產於西寧、哈賴哈精、郭密、阿木尼、岡噶爾山、西柴達木、烏蘭代克山、瑪尼嶺等地。西寧北山鐵鑛，曾於明萬曆時設廠開採，規模甚大。每月均產生鐵三千斤，後因轉運為艱，乃行封閉。

十二、煤

青海煤鑛，以大通之樵漁堡、俄博城產量最富，現為本省主要之鑛產。

採煤仍用舊法，不特產量無增，且於工人之安全大有妨礙。開法多用斜井，大致在三千度與五十度之間。井口多作長方形，其大小不等，工人須蜷伏以入。

〔註40〕那木山：今作「鄂拉山」。位於今青海省海南藏族自治州共和縣與海西蒙古族藏族自治州都蘭縣交界一帶。

惟樵漁堡之洞，則為直井，開挖達數十丈，工人上下與吸水皆有捲揚機，每機可容六人，是則純粹土法之中，亦稍參用機器。運煤用小工背負緣梯而上，煤置竹筐或麻布袋內，重量約有五六十斤。每工至多可負十次，費工費時莫此為甚。又如開挖過深，遇有水患，即須停工。因之深藏之煤質甚佳者，乃無法開採。一年之中以秋、冬二季產煤最旺。運煤多用牲畜或大車。運往各地銷售，價值極廉。亦有腳夫自備牲口運往城市銷售。業煤窰者不事運輸，胥賴用煤者或腳夫為之轉運。

大通縣東十三里之煤窰

所產以煙煤居多，其質甚脆，難得大塊，以居家所用為大宗。普通多用煤層和以泥土及牛馬糞作成磚塊，以為燃料。其質煙甚少，一經燃灼，閱日不熄。青海地氣寒冷，無論冬夏均須煨炕〔二〕。每生煤一次，可延至八九日。夜間將灰撥去，炕即大熱；日間以灰覆蓋，溫度乃滅。灰呈白色，有如木炭。其缺點為熱度與火苗均較弱小，不能用諸新式機器耳。

其他如朵把塔達山、木勒哈拉山、查哈嘎順山、烏蘭代克山、察哈俄博山、瑪尼嶺等處，產煤亦盛。剛咱產煤，尚未正式開採，近有土人掘取燃燒。西寧、小峽口及觀音堂溝產有石炭一種，其燃燒力不及大通之石煤。

十三、鹽

青海四周地面均飽浸鹽質，鹽池甚多。青鹽以希勒達布遜及達布遜東、西

兩大鹽池為最大，廣袤數百里，為青海郡王可可貝勒鹽池，扎薩三部所管轄。鹽池成自天然，蒙人以鐵杓撈取，池邊張幕數層以蔽風雹，土人食鹽，咸仰給於此。其運入內地者，由蒙、番販至湟源貿易。凡西寧、樂都、循化一帶，皆取食焉。私販偷運，遠至蘭州、漢中等地銷售，為數頗巨。其鹽味頗美，邊境多食此鹽。鹽馱入境，到處銷售。迄後改為官鹽，不准入西、湟、碾三縣之境。其附於鹽池之小鹹湖，皆含天然鹽質。凡低凹之地，水味均鹹，可汲以代鹽，惟較青鹽略淡耳。

蒙人在茶卡鹽池掘鹽情形

哈拉池南有鹵井二十餘處，水純鹹味，儼如鹽井，大小不等，不用磚石砌築，深不過三四丈，廣二丈至六七丈不等。相傳前清雍正時岳鍾琪追蘿蔔藏丹津至此，軍士病渴不能行，掘井禱天，甘泉隨地湧出，土井不涸不沒，即其遺跡也。

青海鹽質不淨，明如冰塊，而色微黑。石鹽為粉末，白如霜，細如雪，望之與硼砂無異。土人掃之即調飲食，味微苦。鹽質亦天然結成，隨掃隨生，日曬不融，遇雨即為沖化。另一種為石塊，狀如白城，又如初燒之石灰，細視之紋理如碎瓷。驗取之法，滴水其上，不乾則鹽質已透，可以取食，搗而成粉乃用之；否則，鹽粒堅如碎石，不易化也。此二種石鹽為青海之特產。

又黑泥岩為五柴達木所產。池在柴達木河及可可烏蘇河、塞什克一帶。紅鹽產於科魯克及向力迭，為果洛克番族所食用者。他如格吉、蘇爾莽、囊謙等處亦產青鹽。又樂都縣之東亭堂鎮有煎鹽一種，名為土鹽，僅供本地人民食用。

十四、硇砂

硇砂，產於海西一帶深山之中。多於嚴寒時取之。取時必須去衣服，著皮

衣，僅露二目，至洞鑿之，不過二時皮色已焦。取出之砂石，即盛以瓦壇，其性極易揮發，受風或濕，均可揮發淨盡，故壇口必須密封之。

十五、礬石

礬石，產於柴達木一帶。量多而質良。

十六、白石粉

白石粉，俗稱白土，產於柴達木、郭密一帶。能去衣服之垢穢，土人用以代肥皂。

【校勘】

〔一〕據上下文補。

〔二〕煨炕：新版、舊版印本俱作「煨坑」，「坑」為「炕」之訛。抄本有塗改，改作「炕」。今據抄本改。

第五節　牧業

青海百餘萬之牧民，生活於二百四十餘萬方里之區域，沃野彌漫，水草豐盛，地勢險峻，交通梗塞。內地人民不敢輕入，以冒危險。歷來蒙、番牧民與外隔絕往來，以其畜牧蕃殖，自產自給，安享幸福。且牧民為其大群牲畜飼料之需求，常游牧移遷，探求新環境，選擇新草原。習慣既久，不復願改他業，株守一固定之地。更因宗教之信仰，牧民常送其子女入寺院為僧尼，無形中減少其人口之繁殖，因而減少其對於農作物之需求。是以蒙、番人民不願多費勞力，從事耕作，至今仍保持其游牧生活者，即此因也。

吾人因知青海自然環境，不便墾殖而便於畜牧之地，居其大半。政府當局為牧民生活計，為全國肉類、毛織、製革等工業及軍馬之取給計，亟宜分別劃定畜牧區及墾牧兼營區或農業區，並利用科學方法，從事改良畜牧及農墾，則將來資源之發展，當必大有希望。

青海各地，地勢、氣候、地質、土壤各異。其直接影響所及，遂使植物有豐茂、苦枯、粗硬、細軟之差異，營養分之多寡有別；間接即影響所及牲畜之生存與牲畜之優劣。故此地宜於畜養之牲畜，彼地即不宜畜養。且因食料之多寡，牲畜之牧養，亦常受限制。

在當拉嶺以北，柴達木盆地西南，揚子江上游諸流，巴巴苦苦塞〔註41〕以西之地，海拔達一萬三千七百九十尺至一萬四千六百八十尺之高原，地勢高寒，夏季僅見蒙茸、淺草，冬季酷寒而乾燥，不適畜類蕃殖。惟畜犛牛〔註42〕之少數番民與大群野牛、黃羊、石羊、野驢棲息於其間。

揚子江、黃河、大通河上流，布哈河及青海湖四周之地，天幕麕集，所養之馬、駝、牛、羊特別蕃殖。柴達木盆地拔海在一萬尺以下，土地濕潤，蘆葦、茸草生長特茂，更適於馬、駝、牛、羊之繁殖。惟因地質含有鹼性，喜齧蒙茸細草之犛牛，不易蓄養。

茲將青海各種牲畜繁殖及利用情形，分別說明如左：

一、馬

青海馬之特色及其銷路：在本省東北隅舊甘肅西寧道屬地及大通河、青海湖四周、布哈河一帶地，產有矯捷善走、力能任重之良馬，猶以大通河下游亹源縣屬小佛爺牧場所產為最優。販馬者如能購得該場之馬，聘一騎師教練，不滿一年，即能善於奔馳。牽之上市，即可獲數倍之利。俗稱青海有「龍駒」，疾馳如飛，除小佛爺馬場所產外，無以為代表也。**青海人民皆以騎馬為榮，表示驍勇之精神。**西藏地處高寒，不適畜馬之繁殖，但牧民跋山涉水〔一〕狩獵遠遊時，不身騎駿馬往返馳騁，不足表示其驍勇之民族生活。故有馬商常駐湟源、西寧等地，以鉅金收買良馬，運至拉薩，以博厚利。青藏貿易，由藏運青者，以氆氌、紅花、藏香為大宗，由青運藏者，除少量之麥、酒、陳醋、粉絲外，騾馬為出口大宗，每年可達二萬匹以上。

柴達木馬之優點：柴達木各蒙旗牧地及都蘭香德產有能耐寒、能任重致遠之大體馬，終年露宿，雖暴雨淋漓，大雪壓身，亦無所損傷。方產之馬駒雖受風雪之打擊，亦能伴母生活而無恙。

玉樹區馬：玉樹一帶所產之馬，皆體小如驢，類似四川馬。故牧民畜養繁殖者較少。

馬種改良之急迫：青〔二〕海馬、柴達木馬皆為近蒙古馬種，形體優良高大，但牧民不知另選良種促進改良，實為憾事。宜聘畜牧專家，以本地所產各種馬，分軍用、役用，加以選擇淘汰。蕃殖數代之後，則行近親蕃殖，固定其

〔註41〕巴巴苦苦賽：即今位於玉樹藏族自治州曲麻萊縣的曲麻河鄉。
〔註42〕犛牛：即氂牛。

血液。然後採用亞拉伯〔註43〕之純血種馬，安格若〔註44〕、亞拉伯種雜交蕃殖之馬，專供軍用；採用亞格若〔註45〕、羅曼〔註46〕種雜交蕃殖之馬，專供輓〔註47〕用。我國國防軍馬之需要最大，為自給自足計，改良我國馬種，實刻不容緩也〔三〕。

馬之副產物利用：柴達木牧民畜馬最多。富慕〔牧〕〔四〕畜有百餘匹，窮民至少畜有八九匹。牡馬專任騎役；牝馬產駒後，牧民擠取馬奶，供釀酒之用，土名「阿朵阿力利克」，味甜而美，蒙民皆嗜飲之。牛、羊乳亦皆釀酒，但不若馬奶酒之滋味濃厚。又馬死後，其皮可作皮繩、皮箱、皮鞋之用；鬃尾可製麵羅〔註48〕（家庭用具）；白馬尾又可以製成精美之繩拂，以代馬鞭之用，且可禦毒〔五〕蠅之螫馬，在旅次者不可不備。

二、駱駝

駱駝之產地及其特色：在巴顏哈拉山以北之柴達木各旗牧地及都蘭、都秀〔註49〕、郭密、旗加、汪什代海〔註50〕等牧地，均產有身軀高大、毛紋厚密之駱駝，以柴達木所產者為上選。因其肉峯高而負重多，胃囊大而耐渴久，若遇狂飆，他駝須背風而行，此則逆風而前；旋風驟至，卷沙成柱，他駝每為卷倒，此則直立不動：實由於軀幹之重、筋力之強，乃能御風沙也。其毛豐厚而多氄〔註51〕，

〔註43〕　亞拉伯：「亞」，音 ā。粵語「亞」、「阿」同音。今作「阿拉伯」，即今亞洲西南面的阿拉伯半島，三面環海，即東起波斯灣、北到今伊拉克、南抵印度洋、西臨紅海的整個大陸半島。概原作者許氏係潮汕人氏，故此作「亞」。高爭爭博士認為，是早期音譯法，《聖經》裏就寫作「亞拉伯」，所以不一定跟潮汕人有關。按《新約聖經·使徒行傳》第二章 11 節：「Cretes and Arabians, we do hear them speak in our tongues the wonderful works of God.」有早期版本譯作「革哩底和亞拉伯人，都聽見他們用我們的鄉談，講說神的大作為。」即是其例。

〔註44〕　安格若：今作「安卡拉」，土耳其的首都。

〔註45〕　亞格若：今作「盎格魯」，古代日耳曼人的部落分支，原居北歐日德蘭半島、丹麥諸島和德國西北沿海一帶。

〔註46〕　羅曼：今作「諾爾曼」。盎格魯—諾爾曼馬，法國產偏挽型。

〔註47〕　輓：同「挽」。《說文》從車。

〔註48〕　麵羅：篩麵器具。製法用柔韌度好的木料，刨得平展光滑後，箍成結實的圓圈狀，接口處扒上鍋子，鑲入口徑大小合適的羅底。北魏·賈思勰《齊民要術·作醬法》載：「麴及黃蒸，各別擣末，細篩，馬尾羅彌好。」

〔註49〕　都秀：亦作都受族。藏族部落，「環海八族」之一，駐牧於黃河以北共和縣境。詳參拉毛措《都秀部落和都秀千戶及其後裔》，《青海社會科學》1994 年 05 期。

〔註50〕　同上文「汪什代克」。

〔註51〕　氄：音 rǒng。

製為氆毿𣯶〔註52〕衣，輕柔細潤，亦非他處產者所可比擬。駝峯以雙峯為多，單峯為少。駝之肥瘦，可藉駝峯以覘〔註53〕之。凡駝峯直立粗大，則駝肥壯；駝峯傾斜萎縮，則駝瘦弱。五歲之成年駝可負重四百斤，足見青海駝種之優良。

駱駝之役用：青海人民皆賴駱駝為主要運輸之具，較之役用牛馬，時半工倍。駝不論牡牝、大小，皆能任重致遠。駝之生育較他畜為遲。牝駝懷孕，必滿十二月始產小駝，每二年可產一次。小駝之牝者，長至四歲後，始能懷胎。牝駝懷胎期間，仍能負重遠行。當臨產時，負重始減。如牝駝途中生產，僅休憩一小時，將小駝載於母駝背上，任繼續前行，無滯留耽誤時日之必要。小駝滿一年後，即能負百二十斤之重，隨母遠行。此後年可增加二分之一重量，到第四年即能負重。青海商人皆以駝為運具。在蒙、藏、新、康間，無不有其蹤跡。為今之計，西北運輸除平整大道暫可利用汽車外，其在山路、小道、沙漠、草原之間，當組織國營駝運隊，以利運輸；並設國營獸醫所，研究診治〔六〕駝病之方法，以減少死亡率，而增加其蕃殖力：其裨益牧民生計，良非淺鮮。

駝毛豐厚而多毧，用製毛織物品，溫暖異常。青海人民多用以為棉衣及墊褥之用。每年五月剪毛一次，每駝可產毛五斤左右，為出口貨之大宗。駝乳可充飲料，富於滋養，味亦較牛羊乳為美。駝油雖亦富於滋養，然其味不甚適口。駝峯在肴饌中為珍品，以單峯者為貴，中富脂肪。

三、牛

牛之種類及其產地：柴達木盆地多產黃牛。巴顏哈拉山以南、玉樹二十五族及海南北八族、黃河南十八族牧地，畜犛牛最多。海南北亦產黃牛。同時，畜養黃牛與犛牛雜交之犏牛，雄健強大。牡者可以負重行遠；牝者產生大量濃汁之乳，特別富於滋養，蒙番牧民皆珍視之。

犛牛之役使及副產物之利用：犛牛為青海及康藏高原之特產。角銳蹄高，行動活躍，貌惡性凶，令人望之生畏。而用以馱貨物，能冒冰雪，腹膝生有長毛，尾毛亦多。藏民帳幕全賴犛牛毛尾製成，雨雪不能滲透，性極耐用。前清時取白犛牛之尾毛染紅，以為帽纓。犛牛又名食牛，肉肥而嫩，味極佳，尤富於營養。犛牛皮富於彈性，可以伸縮，故多用以製盛糧之皮袋，或充貨物包裹之用，又可制軍用皮件及鞋靴。犛牛皮囊為黃河上游險峽絕壁間之航運具，由西寧至蘭州之貨運，咸利賴之。

〔註52〕𣯶：同「絨」。
〔註53〕覘：音 chān。察看。

犛牛

犏牛之產生及其特色：犏牛為黃牛與犛牛雜交而生之雜種牛。體大力壯，得犛牛耐寒、冒險之遺傳性，又得黃牛馴順、能耕、能挽、能負重之遺傳性。兩美兼具，故遠勝於黃牛與犛牛。其價值亦加倍昂貴。牡牛與牝牛同任役使。牝牛產犢後，乳房特別膨大，滿儲乳汁，每天可取乳三十碗（二十餘磅），汁濃味美。以其性馴似黃牛，故婦女均可近前擠乳。犏牛之牡者，因生理上不完與他種牝牛交配，不能遺傳蕃殖；犏牛之牝者，可與黃牛或犛牛再行雜交，所生之牝犢，與父系相近。父為犛牛，則犢毛尾較密而長，性兇暴；若父為黃牛，則犢毛短，遍體均勻，性馴良：此為第一代。如此第一代所產之牝犢長大後，仍與同父系之牡牛再行交配，則其所生之犢，與父系更為相近。如此由第一代遞相交配，以至第四代，則完全變為純種黃牛或犛牛矣。青海牧民見牛，即可辨別其為第幾代雜種牛，而內地人見之，則真偽難辨矣。

牛乳為蒙、番人民之主要食品：牛乳可以調茶供飲，可以製成乳餅、乳渣、乳油、乳酪等類，以供日常食用。在牛羊大量生產期內，牧民可以儘量享受，為牧民最忙時期，亦為富裕快樂時期。在嚴冬水乾草枯時，牛乳、乳渣、酥油雖可繼續取給，但不能如夏秋時之浪費也。又牛油、牛骨髓均為滋補食品。牛皮、牛角、牛骨、牛毛、牛尾、牛筋在工業上均極有價值。

藏民婦女擠牛乳情形

改良牛種，為我國農民之要務。如欲抵制泊來品八千萬擔以上之牛乳及乳製品，而謀改良我國之乳牛，則當採用荷蘭牛與我國原有之黃牛、犛牛之牝者雜交。因以上三種牛皆乳質濃而量少，荷蘭牛則量多而質薄，用以改良調劑，成績必佳。為肉用或役用計，則當取洋種中之哈利弗牛與我國三種牛雜交，成績亦必可觀。因哈利弗牛為肉用牛中之冠，兼可供役用也。

四、羊

青海羊類，約可分為四種：

一曰綿羊。肉可為食，身高力大，角毛均長，普通稱為「番羊」。毛極豐澤，或黑或白，顏色均一，甚為美觀。性極耐寒。吾人所著之裘多為綿羊皮。番人對於畜羊，頗知選種。每生羊，必擇其體格雄壯者留為種羊、羝羊〔註54〕；其餘則皆去勢為羯羊，以供食用。有砂灘水草之處，毛甚佳美。牝羊則專供生育之用，多不殺食。

二月山羊。較綿羊為小。毛色光潤而細軟，可為氈帽毹毯之原料。肉甚佳美，多供食用。凡綿羊必與山羊混合成群。因山羊行走迅速，且性質勇敢，可為綿羊之先導。其繁殖力亦較強於綿羊。每羊群中綿羊十之七，山羊十之三，最為適宜。

三曰羖羺。毛色黑多於白，角削身小。頗易孳養繁息，乳、肉味鹹美〔註55〕。

四曰蒙羊。其體比綿羊為小。然毛質纖細，非綿羊所能及。輸出品以此種毛為最佳。

羊初生曰「羔」，周歲曰「密牙」，二歲曰「二齒」，三歲曰「四齒」，四歲曰「滿口」。游牧人民以羊皮為衣服，以其乳與肉為食品，以其毛為帳幕，取其糞為燃料。衣、食、住三者均有賴於羊，故以多畜為貴。

羊毛：青海出產以羊毛為大宗。其毛品質為全國之冠，歐美人極稱道之。大抵可分為春毛、秋毛二種。每年四月至六月剪毛一次，謂之「春毛」；九月再剪一次，謂之「秋毛」。細別之，又有套毛、抓毛、散抓毛三種。套毛因綿羊經冬，毛被外體如套，春季減取之，故名。抓毛乃清明後用鐵抓抓取者。散抓毛為春季抓毛與脫毛相混合者。秋毛為秋季減取者，纖維粗而短，品質較春毛為劣，產量亦少。每羊每年可產二斤至五斤，毛長四寸至六寸。多運至天津，

〔註54〕羝羊：公羊。亦作「牴羊」。

〔註55〕引自清‧徐珂《清稗類鈔‧動物類》。原文如下：「有羖羺，黑多於白，角削身小。皆孳養繁息，乳肉味鹹美。」

以廉價銷售於外商；外人製成呢羢，仍轉售於我國市場。每年漏卮〔註56〕頗大。青海羊毛，每年產額總計在二千萬斤以上。惟牧民皆視為附產物，對之不甚重視，不加改良耳。

　　羊皮：可分為老羊皮、大毛、二毛、平毛、珠皮數種。老羊皮即老羊之皮，毛質粗劣，為土人自製皮衣之用，極為笨重，為嚴冬禦寒之必需。大毛長可四寸，二毛長有三寸，普通稱為「宰皮」，因其在冬月毛頭長足後而取者也。羊皮以有羢毛而細軟者為上品，青海產量最多。惟皮板稍厚而堅實，每年輸出甚多。平毛稱為「羔皮」，長約寸餘，係約二月之羔皮，以白色為多，亦有淺黃色者，其價值極賤。另有一種黑紫羔，以產於化隆縣境者最佳，為西寧皮市之特品，有「寧夏灘羊皮，西寧黑紫羔」之稱，以毛黑而有光澤及環多根紫者為貴。珠皮形如米珠，為初生不及一月之小羔皮，亦稱藏羔，白色者極賤，黑色者價極昂。黑藏羔亦青海名產，較黑紫羔尤貴，銷路甚廣。

　　此外，羊骨亦可取油及製骨粉、羊筋，售於內地，假充鹿筋以為食品。山羊血，可製肺疾及咯血之劑。

青海牧羊人

五、騾

　　騾，驢馬交生之種。因驢種矮小，故產騾高大者少。惟體格強壯，能耐勞、負重以致遠，實為西北一帶運輸之利器。

〔註56〕漏卮：比喻國家利益外溢的漏洞。

六、驢

驢，身軀矮小，其性極馴。僅適於近距離之移運。若純粹牧民，則鮮有畜之者。

七、豕

豕有黑、白二色。柴達木所產。碩大而苗肥〔註57〕，為內地之種，隨處可畜。在昔多為漢人所豢養，近來蒙、番人民亦多有畜之者，因畏猛獸，不敢縱之於野。

八、犬

青海之犬約有二種：一曰獵犬，產於柴達木一帶。性極馴善，善捕狐兔及野鼠等類，獵戶多畜之。二曰家犬，巨大者如驢，即為獒犬。能追及豺狼野獸嗜殺之，狐兔聞其聲即遠遁。蒙番牧民極重視之。以犬為眾畜之保護者，至有以羊數十頭而不能易一犬者。每帳必畜數頭，於帳外插木樁用鐵練〔註58〕繫之。有人行近必遙呼，帳中人前引而後入，不得揭帳後而進。以犯其所忌也。每晨放牧牛羊群時，必攜二犬。一前導探道路，一後隨為殿〔註59〕。牲畜所止，兩犬登山瞭望無停止。遇行道者輒狂吠，使主人知有所防。野番往劫牲畜，乃能嗜其人墮馬下。機警猛捷，雖數勇夫不能禦之。歸則臥於牲畜之旁，片刻不離，與牛羊亦相依為命。實為游牧不可或缺之物。凡築舍以居者，夜間將犬放之登屋，以為防賊之用。

狗皮，可作墊褥之用，以黑色為多。運銷於內地。

【校勘】

〔一〕跋山涉水：新版、舊版印本及抄本俱誤作「拔山涉水」，「拔」為「跋」之訛，當為「跋山涉水」。今據文意理校改之。

〔二〕青海馬：新版、舊版印本及抄本俱作「本海馬」，「本」為「青」之誤，當為「青海馬」。今改。

〔三〕也：新版、舊版印本俱作「也也」，一「也」疑衍。抄本不衍，今依抄本刪。

〔四〕富慕：「慕」，疑為「牧」之訛，當為「富牧」。

〔註57〕苗肥：肥壯。

〔註58〕練：通「鏈」。鏈子。

〔註59〕殿：殿後，壓陣。

〔五〕毒：新版、舊版印本缺字，根據上下文疑為「蚊蠅」之「蚊」。抄本擬補為「毒」，今據抄本補。

〔六〕診治：原文作「疹治」，「疹」為「診」之訛，應為「診治」，今改。

第六節　漁業

青海附近河流柴達木河、布喀河、烏蘭木倫河、大通河、湟水、下郭密、黃河沿岸及通天河、瑪楚河、子楚河、雜楚河、鄂木曲河、巴爾曲河等處，產魚甚多。黃河之鯉肥而大。

因青海人不食魚類，任其自然生長，以故魚類見人亦不驚避，探手可得。其不食魚之原因有二：一、因佛教戒律所限，對於動物只食蹄為雙歧〔註60〕之獸類，如牛羊等。其餘非蹄分歧或為爪者，均不食，歷代相沿遂成習慣。二、因視魚為龍之同種。相傳，傷害魚類時，必起大風雨，殃及帳房人畜，故相戒不食。有此二因，故魚〔一〕類在青海各河流中繁殖特甚。

青海及布喀河、巴冷湖距湟源、西寧較近。每年冬季結冰時，附近土人及漢人鑿冰取魚，日可得數百尾。賣與小販運至西寧及甘肅蘭州一帶，名曰「冰魚」，即為鰉魚，又稱「無鱗魚」。背無鱗而有斑紋，色分黃、白二種，長二三尺不等，大者有十餘斤，味甚鮮美。夏季冰〔水〕〔二〕勢盛時，往往溢至岸上，魚隨水至，俟水退涸時，魚留岸上不知幾千百萬。土人取之，因天氣漸暖，不便移運，乃將魚腹剖開，去其腸渣，平鋪草地曬乾，俗稱「乾板魚」。運至各地銷售。人跡不到之處，無人拾取，多為鳥類食之，往往岸邊積骨高至尺許。

其他各河流之魚，無人捕取。凡有漢人居住，多從事漁業。冰魚近年出產頗巨，年約數百萬尾，為青海之特產。蒙人捕魚，不網而叉，每叉可獲一尾。青海各河流中，有如此繁多易捕之魚。如能就地設廠，製造罐頭，以運輸於中部各省，將來漁業前途有厚望焉。

【校勘】

〔一〕魚：新版、舊版印本及抄本俱作「漁」，據上文及馬鶴天《西北考察記·青海篇（下篇）》第五章《青海之經濟》（南天書局，1936年，216頁）應為「魚」。

〔註60〕雙歧：即偶蹄。

今改。

〔二〕冰：新版、舊版印本及抄本俱作「冰」，疑「水」之訛。馬鶴天《西北考察記·青海篇（下篇）》第五章《青海之經濟》（南天書局，1936年，216頁）作「水」。

第七節　獵業

青海之瑪沁雪山，東接東山、滂馬山，西接哈爾吉嶺、查哈嘎順山及德什巴嶺、拉安族一帶，林木無際，盛產貴重之野獸。

遊獵者攜械裹糧，岩棲穴處，山谷為滿。春、夏、秋三季常打散圍，各人各獵，所得鳥獸而私有之。冬季則打大圍，糾合數十人，少亦十餘人為一支，張網設穽〔註61〕，以其半合圍於外，其餘則分入搜捕。此時氣候寒冷，鳥獸常蟄居一處，出其不意而掩之，所獲甚夥。無論居守者或出獲者皆均分之。歸帳不能限期，甚至兼旬始歸，而所獲肩挑馱負，不可勝計。剝其皮而醃其肉，以待客商收買〔註62〕，運至湟源、西寧等地出售。價值較內地為廉。

但有許多山林仍被寺院喇嘛及部落千百戶所封禁，不許獵取。蓋亦出於宗教信仰，謂山林有神靈居之，如採取動植物，必遭禍殃，故永為厲禁。誠能一律開放，人人獵取，以所得珍貴物品運銷內地或輸出海外，每年產量當必不少。

一、麝

麝，似鹿而小。喜居高地，日中匿伏叢林，夜則出外尋覓食物。性極煩躁，不易馴服，又不喜成群結隊，往往踽踽〔註63〕獨行。行走快捷，又極勇敢，雖

〔註61〕穽：同「阱」，指捕野獸之陷坑。
〔註62〕引自清·徐珂《清稗類鈔·農商類》。原文如下：「青海瑪沁雪山，東接車山、滂馬山，西接哈爾吉嶺、查哈噶順山。一帶高嶺，不惟產礦，且以林木森蔚，兼產珍貴之野獸。獵者攜械裹糧，岩棲穴處，山谷為滿，春夏秋三時常打散圍。散圍者，人各自獵，所得鳥獸私有之。朝出暮歸，或隔宿而歸，甲歸乙出，乙歸甲出，更迭守帳以造飯。冬令燒荒，則打大圍，糾合數十人，少或十餘人為一支，張網設穽，以半合圍於外，其餘分入搜捕。此時鳥獸常蟄居一處，出不意掩之，所獲必多，無論居守者、出獵者皆均分之。歸帳不能限期，甚至兼旬始歸，歸則熊、犀、麝、鹿、狐、兔、雉、雕肩挑馱負，不可勝數。剝其皮而醃其肉，以待商人收買。」
〔註63〕踽踽：音jǔjǔ，單獨行走、孤獨無依的樣子。

兩處岡巒相距綦〔註64〕遠，亦能縱越而渡。盛產於柴達木、查哈嘎順山、下郭密、海湖西北一帶。獵者見山中遺有毛及矢溺〔註65〕，即能辨別其獸類。有麝之山，其香特異。麝香之味，遠聞之，香烈而略帶腥氣。麝穴愈近，則其腥氣愈不可聞，循其味而覓之，百不失一。

　　惟麝香之分泌，只牡麝有之。麝臍最穢，常流血液。天晴時必仰臥於草地而曝其臍，臍眼凸出，其大如缽，腥臭異常。蚊、蠅、蟻、蚋〔註66〕飛集蝕之。臍眼突然收入，微蟲碾如齏粉。一日數次，漸凝漸厚，謂之「草頭麝」，為藥肆常用之品。若曾吸入蜂、蠍、蜈蚣等毒蟲者，臍珠有紅點，謂之「紅頭麝」，其品已高。最貴者為「蛇頭麝」，毒蛇吮其臍，麝驚痛而力吸，狂奔跳踔，蛇身伸屈盤結，堅不可脫，須臾蛇身截然而斷，首即腐爛於內，臍有雙紅珠是為蛇眼。得此配藥，其香經久不散，醫治毒症，功效無比。麝遇人追急，必自掐臍眼使破，知為焚身之累也。獵之能者，四散分伏而捕之，聲東擊西，使之不暇自掐。受傷為人追及，猶伏地哀鳴而掩其臍，或四蹄緊抱之，其狀可憫。集麝二十餘隻，始可成一斤，價值極昂。

　　其用途甚廣。我國醫家認為辛溫通竅，可治胃病、瘧疾、驚癇等症；而配合丸散醫治毒症，尤為重要原料。其用於化妝品者為數亦不少。輸出海外者亦多。

二、鹿

　　鹿產於大雪山、乙開哈斯圖山、阿木尼岡噶爾山、阿牙爾巴勒山、柴達木、玉樹各族等處。斑鹿皮毛美麗，見水即照影自顧，如山雞之臨水然。不遇急〔則〕不輕涉河，恐水之濕體也。

　　鹿於小滿節後，馬蘭花開之時，角根發癢，以頭相觸，角即脫落。以牡鹿者為佳。角脫落後堆集一處，獵者於深山中，有一獲數百對者，運銷內地熬製成膏，為溫補要劑。角脫後，約五六日新茸即生，最為貴重。惟夏茸色枯而味澀，遠不及冬茸之豐滿。獵者每伏於山麓河畔以獲之。茸之最上者曰「旋茸」。其法將一生鹿閉於棚內，眾圍之而呼噪，使之奔馳，足無停趾。其體純陽，兩角更甚。數小時後，其熱度達於極點，有力者猝入，以利刃斷其首，用長桿丈

〔註64〕綦：極，很。
〔註65〕矢溺：即屎尿。
〔註66〕蚋：音 rui，小蚊，又名沙蚊。

餘上穿鐵環，綴以鐵鍊〔一〕，以鹿角擊其端，極力搖而旋轉之。甲疲乙易，乙疲甲易，不知其幾千百轉，俟其精血和勻，無孔不入，無竅不通。稍停則精血凝滯之處易生微蟲，而精血不到之處元氣不足，即非全才〔註67〕。

鹿胎製膏，為婦科要劑。鹿腎亦為補劑。鹿之筋在肴饌中為珍品。

三、犀

犀產於查哈嘎順山、玉樹、柴達木、下郭密等處。皮厚而無毛。

鼻上生前、後二角，長而無枝，獨角者甚少，為奇驗之解熱劑。犀黃尤稱貴品，有家黃、野黃之分。家畜無論犛牛、黃牛、犏牛皆能生黃，牛腹有黃則食草不貪，行走不捷，日漸瘠瘦，兩眼泡皆為黃色。計其吐黃之期，須終日按其脈而伺之，仰繫之則不吐，俯繫之則隨吐隨食，必俯繫而以牛舌不能及地為準。又須妨其踐踏，吐黃以後牛體膘健逾恒〔註68〕。如逾期不吐，牛必倒斃。剖腹取之，黃無精氣，更非上品。凡藥市所售者，多為家〔二〕黃或剖腹所得者，真犀黃惟於岩穴叢簀中得之。犀力甚猛，可與虎豹角力，非一人所能抵禦。獵者常四五偕，持械擇地勢優良之處，出其不意擊殺之。驗其腹又往往無黃，探其穴，籍草之下有土光滑可鑒者，掘之始有。犀牛吐黃，亦隨吐隨食，惟吐於籍草之上，吮食不盡，餘液下漏，沉入土中，以故所得不多。家黃淡黃色而紋理最細；犀〔野〕〔三〕黃為金黃色而紋理粗，暑天蚊蟲不集。湯沸時撚末少許撒之，沸湯頓無巨泡。為治驚癇之要劑。

四、狐

狐盛產於玉樹及柴達木，以格吉、中壩、玉樹各族及乙開哈斯圖山為最多。狐皮細者曰「西狐」，粗者曰「草狐」。狸較小，毛為淡褐色，而有紋如虎斑。又有一種砂狐，以生於砂磧中故名。其腹下毛為白色，謂之「天馬皮」，其價值較狐皮為賤。另有一種，土名「貓豹子」，色如狸而形同猞猁猻，能捕兔、鼠，皮張亦輸出甚多。

〔註67〕引自清·徐珂《清稗類鈔·動物類》。原文如下：「最上者曰旋茸，其法得一生鹿，閉於柵，眾圍之而呼噪，鹿性躁，驚距奮擲，足無停趾，其體純陽，兩角更甚，數小時，約其熱度達於極點，有力者猝入，以利刃斷其首，長杆丈餘，上穿鐵環，綴八尺之鐵鍊，而角繫其端，力搖而旋轉之。甲疲乙易，乙疲甲易，不知其幾千萬轉，其精血靈活和勻，無孔不入，無竅不通。稍停，則精血凝滯之處，易生微蟲，精血不到之處，元氣不足，非全材矣。」

〔註68〕逾恒：超過尋常。

五、猞猁猻

猞猁猻產於玉樹及柴達木。形似貓而身大，齒尖，爪不露而銳，能揉升食鳥雛。毛細長，為灰褐色。毛根紅者為上，灰色者次之，根白者為下。每年銷售皮張在千張左右。

六、猴

猴產於玉樹各族之深山中。種類甚多。以金絲猴為最貴，毛色金黃極為美麗。用製斗篷，價值極貴。

七、虎

虎產於蘇爾莽、囊謙之山中。產量不多，價亦昂貴。皮張可製褥毯，肉可為食，骨可入藥。

八、豹

豹產於囊謙、蘇爾莽、布慶各族。形似虎而小，毛黃褐色，行走迅速，捕食牛、羊等物。產量甚多。花紋有金錢、艾葉〔註69〕之分，以金紋者為貴，且甚美觀。可為床褥及衣服之用。銷路頗廣。

九、熊

熊產於柴達木、阿木尼岡噶爾山、阿牙爾巴勒山、蒙古爾津、玉樹、娘磋、格吉、竹節、永夏等地。其體高大，後趾直立如人，長者在八尺以上。

可分為人熊、狗熊二種。人熊掌圓，能直立半晌，坐石上前掌不據地，身無臭味。狗熊掌長，蹲地而坐，坐亦不能久，臭氣逼人。其猛鷙之性則一，力甚強大，能攫取牛馬。嘯聲震林木。善營巢，在石壑中架木為棚。善養羞〔註70〕，不專食肉，穴中積奇花異果。每屆嚴冬即不食不動，蟄居如半死，謂之「冬眠」。舌舐其掌不休。俗傳：熊掌其一可食，牡右牝左；其一不可食，以冬天常掩其臀也。據獵戶云：「後蹄肉粗，前二掌無不肥，味極肥美。」其體純陽。毛質堅而氈厚，年老方能睡用為褥，壯年人不宜也。如在草地旅行，用

〔註69〕艾葉豹：青海雪豹舊稱，藏語達瑪日，拉丁學名 Uncia uncia。因絨毛顏色與艾葉相似，故名。皮張質量次於金錢豹。今青藏高原野生動物園（位於西寧市城西區西山上）就有雪豹，舊稱艾葉豹。
〔註70〕養羞：儲藏食物。

為墊褥可隔濕潮。

熊之膽汁，陰乾後可以入藥。以一粟許滴水中，一道若線不散者為真。

十、狼

狼產於柴達木等地。土名「山狗」，食屍體者。毛為紅色，出入成群。其皮可為墊褥之用。

十一、豺

豺產於柴達木。土名「木狗」，種少於狼。而皮毛較粗，不如狼皮之適用。

十二、猩猩

猩猩產於那木山一帶。似猴而大，毛為黑褐色，牝者唇赤如硃。長只二尺餘，無巨種。性極靈警，常升樹學怪聲嚇人；遇獵者則寂然不敢少〔註71〕動，伺機而遁。

十三、野馬

野馬產於柴達木等地。狀如馬，騾鬃而驢尾，千百成群〔註72〕。身小，善奔逸，能越溝、識泉脈、覓水。行沙漠中，遇風，群伏埋鼻沙中以護之。獵人誘之入棚，跳擲奔蹴，不易馴服，終至不食而死〔註73〕。

肉可供食，皮可為貴重之革料。

十四、野牛

野牛，即兕之別名。產於玉樹、蒙古爾津、格吉、永夏各族。產額無多。皮可為革料之用。

十五、羚羊

羚羊產於大雪山、乙開哈斯圖山及柴達木。狀如山羊，其背最高。角頭而

〔註71〕少：通「稍」。

〔註72〕見清末王樹枏總纂《新疆圖志》卷 69《山脈》六（東方學會重校增補鉛印本，1923 年，第 9 頁）：「有獸狀如馬，騾鬃驢尾，千百其群，土人謂之野馬。」

〔註73〕引自清・徐珂《清稗類鈔・動物類》。原文如下：「青海又有野馬，身小，善奔逸，能越溝，識泉脈，覓水者視蹄涔，掘之，泉見焉。行沙漠中遇風，群伏，埋鼻沙中以護之。獵人誘之入柵，跳擲奔蹴，數日不食而倒。」

直，其尖後向。毛為黑褐色。足上有白毛雜生，足底上凸，故行時能留其趾痕於地。嗅覺敏銳，夜則懸角樹上以防患〔註74〕。

角可入藥。

十六、青羊

青羊產於大雪山一帶。其體較黃羊為大，毛長約有五寸許。其皮可為褥毯，不僅溫暖，且可隔潮。以其生長於石山中，故又名石羊。為野羊之一種。

十七、黃羊

黃羊產於柴達木等地山中。千百成群，奔馳甚捷。角尖瘦如錐，尾蓬而短。其肉甚鮮美。毛皮可為墊褥，亦有以之製衣者。

十八、旱獺

旱獺產於西北柴達木一帶。穴土棲息，又穿行沙磧中。覓昆蟲為食，頗似掘地之穿山甲。毛短而光澤，以黑褐色者為佳。價值頗昂，有生皮、熟皮之分。多用為製帽緣及大衣領、袖。

十九、豪豬

豪豬產於柴達木。尾長而脊毛硬如針。其肉味香潔，勝於家豚。

二十、鼩鼠

鼩鼠產於柴達木窟處土中。毛為黃灰色，身短小而尾不及寸。土人有捕而炰〔註75〕啖者，加以辣椒，味甚鮮美〔註76〕。

【校勘】

〔一〕新版、舊版印本及抄本俱作「鐵練」，「練」為「鏈」之訛，當為「鐵鍊」。今據〔清〕徐珂《清稗類鈔‧動物類》改。

〔二〕新版、舊版印本字跡漫漶不清，似為原字印錯後，用字丁直接在上面更正的。

〔註74〕據北宋‧陸佃《埤雅‧釋獸》載：「羚羊似羊而大，角有圓繞蹙文，夜則懸角木上以防患。語曰『羚羊掛角』，此之謂也。」

〔註75〕炰：古同「炮」，把帶毛的肉用泥包好放在火上燒烤。

〔註76〕引自清‧徐珂《清稗類鈔‧飲食類三》。原文如下：「青海有鮑鼠，窟處土中，黃灰色，較家鼠身肥短，尾不及寸。土人有捕而炰啖者，加椒辣，味甚美。」

　　根據墨蹟層次及上下文意，當為「家黃」之「家」。後參校抄本作「家黃」，
　　今據抄本補。

〔三〕犀黃：新版、舊版印本及抄本俱作「犀黃」，根據上下文意當為「野黃」。

第八節　工業

　　青海工業現仍為手工業時代，而出產頗為豐富。設能就地採取原料，開辦
毛織、製革等工廠，則人民之生活與富力當可日益增進。茲將其出品種類略述
如左：

褐子：用羊毛或駝毛紡線織用之粗布。寬約尺餘，每疋〔註77〕長約五丈。
　　　可為製衣服之用。

藏民編製褐子情形

氆氌：為青海毛織手工業之優良者。寬約八九寸，每疋長七丈至九丈不
　　　等。色有紅、紫、白三種。為製衣服之美好材料。又有花氆氌，可
　　　作褥墊及女性之衣料。

氆帶：用毛線織成。可縫口袋，為盛糧食之用。

氌子：為羊毛製成之毛布，可製衣服。

毛線：以羊毛用手撚成。用編絨衣、手套、毛襪等物。

毛繩：有牛毛、羊毛二種。因青海不產麻、棉，用為繩索。

毛毯：俗稱栽絨毯，有地毯、馬褥、椅墊、臺毯、炕褥等類。製有各種花
　　　樣或圖案，精至美觀。惟產量無多。

〔註77〕疋：古同「匹」。

毛氈：用羊毛或牛毛壓成。可為炕氈，其細軟者可為桌氈。

毛絨：以羊毛或牛毛用木槌槌成，今多用彈。可為棉衣之用。

酥酪：以牛、羊乳製成。色白者為上，黃色次之，紅色又次之。調茶飲之，便膩如粥，常食之，能禦寒、健筋力。治血虛、氣喘諸症。

渾酒：以熟冷水浸入酥酪及鮮乳汁釀成，略有酒氣。

乳餅：以黑面粉調酥為之。

乳脯：以牛、羊肉熬成糜曬乾之，遇水即酥。旅行便於攜帶。

染料：用蘇木、橡實、靛青等為染色顏料。五色咸備。

氈衣：用羊毛碾成。貧人多著之，不須裁剪。

姑絨：乃選擇細軟羊毛紡織而成。著之以代皮衣。

石灰：因用途不大，故燒灰之業尚為幼稚。大通之樵漁堡產之。

糌粑：用青稞炒成米花，碾成粉末，同酥酪茶拌勻而食。富滋養分。

骨粉：為重要之燐〔註78〕質肥料，以草木灰、獸骨及石灰混合製成。有粗骨粉、蒸骨粉及脫骨粉三種。施于果樹，最為適宜。

製皮：將生皮（即血皮）製成熟皮。過去多用鹽銷，易起潮濕，近乃改用水硝法，可免脫毛及潮濕之弊。

製革：多用舊法。用製靴鞋、箱篋、鞍韉等。

藏香：收集各種香木，研末為膏，攙入金沙，香製成之。

製刀：產鐵之區，土人能鍊〔註79〕純鋼。所鑄番刀，犀利無匹。

釀酒：以青稞蒸成，名曰「燒酒」。西寧、互助等縣產量甚多。

第九節　商業

青海商業除西寧各縣外，其餘均為蒙、番游牧之民。故其交易極為簡單。以物易物，貨幣不甚適用，因其不辨銀色之真偽及銀量之輕重。漢人至其地採辦貨物，無物不收。即旅行之人，其飲食之料、駝運之價，亦須以貨物為抵；予以銀兩，雖多給之，亦不收易。牛、羊為彼之所賤，我之所需；布疋、糖、茶為我之所賤，彼之所需：故漢人恒以布疋、糖、茶易其牛、羊，而彼亦樂於交易。至近邊一帶，亦有以銀錢交易者。

〔註78〕燐：同「磷」。

〔註79〕鍊：同「煉」。

　　北部蒙人於每年秋、冬二季至湟源、亹源、大通一帶互市，春、夏二季則在本境以內集市。數百里間皆來趕集，就曠野為市場，物貴者蔽於帳，賤者曝於外，器物雜陳。漢商所販運者，大抵皆布疋、糖、茶、木器及供佛應用之零星對象；土人所出賣者，則全為本地產物。交易由雙方揀選估價之相當價值而止。每次凡二十餘日乃散。

　　南部番人互市，多聚集於寺院。寺院會集俱有定期。平時則多聚集於結古等處，亦有負販至各村落者。除物物交易外，亦有用銀錢交易者，惟物價較昂耳。

塔爾寺佛塔附近會集情形

美國合眾社、倫敦泰晤士報記者哈里森·福爾曼 1936 年拍

　　本省商業以湟源、玉樹、都蘭、西寧等地為中心，凡漢、番貨物莫不總匯於此。蒙、番人經商多為喇嘛資本，傾自寺院，貿易亦大。惟其範圍以本省境內為限，無遠行之內地者。漢商貿易以河北、山西、陝西人為多，資本頗巨，多設莊行，收購皮毛、土產運銷於天津，再由天津販運洋貨、布疋銷售於青海，買賣之間獲利倍蓰〔註80〕；本地土著及漢、回多為小本經營，並在各鄉村設立小店，每於夏秋之際，派其店夥分赴各市鎮銷售貨物並收買土產。蒙、番人民每於秋冬之時，運其貨物至各縣及市鎮交易。以羊毛等土產兌換糧食、布疋，足供一年之用。

〔註80〕倍蓰：蓰，音 xǐ，五倍。謂數倍。

本省輸出品以羊毛為大宗，次為羊皮、牛馬皮及駝毛等，為數亦鉅。

皮毛運輸之情形

第六章　青海各民族分布之狀況

　　青海省現有之民族頗為複雜，漢、蒙、回、藏無不俱備。除此之外，又有土著及與回族不同出一源之撒拉。言語不同，信仰各別，日常生活亦各有其特殊方式。雖然，若就血統而言，則青海各民族早經混血，而非單獨之種族。各民族血統混合經過情形，略述如左：

　　一、回族：回族最不易與他民族同化，其理由約有數端：第一，回族女子絕不與他族男子結婚。否則即屬叛教，應受嚴厲處分。第二，回教徒不食豬肉，而認非回教各民族之飲食起居為不清潔。是以他族所備之食物，均不敢進口。與人交際，甚感〔一〕不便。第三，回教徒往往聚族而居，或住城關，或住村莊，均與非回教人之接觸極少。每日有五次乃至七次之禮拜，每於禮拜之前，必先沐浴清潔，亦與一般人之生活特異。

　　然回族之中，實早已具有其他人民之血液。回族知與異族結婚，亦生聰明俊秀之兒女，故多喜取漢族女子為妻。回族與回教遠非一事，回族當然信奉回教，而信奉回教者非必回族。回族由新疆徙入青海或內地各省時，原僅哈、李、馬、達、改、賽六姓，而現時又有劉、牛、沙、黑、韓等姓，當係漢人之奉回教，不得認為回族。其次，青海循化一帶又有本係一家而兄弟異其信仰者：一信回教，一信佛教。回教徒雖不將女兒嫁與異教人，但在同教之中，卻無漢回之分。蒙族、藏族、土族之信回教者，亦與漢族有同樣情形。且回族之初入青海者，僅有傳教師數十人，其能繁殖現時之眾，更不能不說是依賴他族。由是觀之，回族血統早已與他族混合。所依以為區別者，不過信仰與名稱之不同耳。

　　二、漢族及其他各族：漢族之入青海，遠在漢朝。及王莽時代，來者益眾。當時在青海之西設西海郡，徙天下之犯禁者居之。青海地方，當時本為羌人所居之地。羌人即今之藏人與土人之始祖，是漢藏土各族之交通已數千年；其間

血統之混合勢所難免，況藏、土各族對於貞操問題向不重視，且以得漢人女婿為榮。當時所徙天下之犯禁者，當然都是男性。現在住土房子之假西番，亦已多半漢化。其血統中，當有不少漢血在內。

到明清之際，蒙人又侵入青海。海北一帶之藏民，未曾逃避者，均為蒙人役屬。而漢蒙亦因此得有接觸機會。蒙、藏人民同樣不注意貞操問題，所以蒙、藏、土、漢各族的血統自易混合。

至於滿人為數不多，更早已與漢人同化。於此可見中華民國以內，只有一個中華民族，所謂漢、滿、蒙、回、藏、土、撒各族，不過因信仰不同、生活各別，暫時保存其名而已。

茲將本省各民族分布狀況，敘述如下：

第一節　漢族

一、漢族入青溯源

青海，原為羌人之大本營，先零〔註1〕、月氏、燒當、吐蕃、吐谷渾、禿髮烏孤等西戎佔據之所。漢族究以何時徙入青海，分述於左：

（一）漢武帝以前，青海全部為羌人所居。漢時為金城郡。三國及晉為西平郡。南北朝為鄯州。隋為西平郡。唐為鄯州及西平郡。五代被土蕃〔二〕所據。宋置西寧州。元仍舊。明改為西寧衛，即西寧。所屬各縣如碾伯、巴燕戎、貴德等，亦先後設縣。似此既代有設治，則漢人之入青及生息於其間，當必甚久也。

（二）據《王莽傳》及《後漢‧西羌傳》等書所載，漢平帝元始元年〔註2〕，王莽秉政，欲耀德威，以服遠方，遣中郎將平憲等持金幣〔三〕誘塞外羌豪良願等，獻鮮水海（即青海，古名西海、鮮水海、仙海、卑禾羌海等，北魏時始名「青海」）、允谷、鹽池。莽受所獻地，置西海郡，築五縣（青海西現尚有察罕廢城，想即其舊址），徙天下犯禁者處之。周海亭燧相望。及莽敗，眾羌

〔註1〕先零（音 lián）：零，音憐（見《前漢書‧趙充國傳》顏師古注）。漢代羌族部落的一支，西羌中繼研種羌以後最強大的部落聯盟。漢初原居牧於今甘肅、青海的湟水流域至莊浪河流域等地，後漸與西北各族融合。漢武帝元鼎六年（公元前111年），遣將軍李息等率軍10萬深入河湟，西逐諸羌。先零等羌敗退到西海（今青海湖）、鹽池（今查卡鹽池）一帶。東漢末年，歷經戰亂，先零羌力量逐漸衰亡。

〔註2〕元始元年：即公元元年。

遂還據青海。至晉時呂光又徙西海郡人於諸郡。漢族入青之始，較為可劇。其後如晉、如隋、如唐，代有用兵，漢人之入青機會當更多矣。

（三）西寧、碾伯兩縣，明初即有十六家土司之設。土司中有陳子民〔明〕〔四〕者，原籍江南山陽〔註3〕，以一個南人居然能在青海當土司，管理土人，則其先世入青必已甚久，而與青海羌人有相當淵源也。

現在青海除極少數人，吾人確知其滿人外，別無滿族，且其生活習慣、語言、文字等早與漢人同化。其入青之原因，當為滿人入主中國，各省分駐滿軍或旗人之結果，茲不多贅。

二、漢族分布概況

茲將青海各縣漢族戶口分錄如左（以下各族分布情形及戶口人數，係根據青海各縣政府二十二年調查之結果）：

（一）在西寧縣者，住城內、附廓、東川、南川、西川各處。計一萬八千零十戶，十萬八千二百三十一人。

（二）在樂都縣者，住城內及山川各鄉。計八千六百二十七戶，四萬九千五百零六人。

（三）在貴德縣者，住城內及東、西、南三鄉。約三千九百餘戶，一萬七千二百餘人。

（四）在化隆縣者，住城內及附近數十里村莊。計一千零八十戶，約五六千人。

（五）在湟源縣者，住城內及附廓四區。計四千零五十九戶，約二萬三千人。

（六）在玉樹縣者，住城內，為川、甘、陝等省商人。時來時往，無從統計。

（七）在共和縣者，住衣拉什〔五〕、大磨莊、曲溝、加什達、曹多隆〔六〕、哈汗圖亥、次汗圖亥、阿一亥、油坊臺等處。計二百九十戶，一千三百七十人。

（八）都蘭縣僅四十餘人〔七〕。其餘係流動性質，偶而來往與蒙人交易，即行返湟源等處。

（九）在互助縣者，住城內及第一、二、三區。計約六千餘戶，三萬人左右。

（十）在同仁縣者，住城內及保安鎮等處。計二百五十戶，一千零八人（此係回、漢二族之總數，在調查時並未分開）。

〔註3〕山陽：古縣名。江蘇淮安縣的舊稱，現江蘇省淮安市淮安區，在民國以前稱山陽縣。

（十一）在亹源縣者，住城內及浩源河北第一區一帶。亦因調查未經分開，僅知漢、回、蒙、番等族合共二千餘戶，九千餘人（但據附表所列，此數蒙人應不在內）。

（十二）在民和縣者，住城內及各區。約計二千五百餘戶，一萬二千餘人〔八〕。

（十三）在循化縣者，住城內及馬營。計三千三百九十餘人。

（十四）在大通縣者，住城內及各區〔九〕。計三萬八千八百餘人。

【校勘】

〔一〕感：新版、舊版印本及抄本俱作「敢」，「感」之誤。今據丘向魯《青海各民族移入的溯源及其分布之現狀》（《新亞細亞》1933 年 5 卷 3 期）改。

〔二〕蕃：新版、舊版印本及抄本俱作「番」。今據丘向魯《青海各民族移入的溯源及其分布之現狀》（《新亞細亞》1933 年 5 卷 3 期）改。

〔三〕抄本有紅字旁注「多持金幣」。「多」，應為「等」。

〔四〕陳子民：新版、舊版印本及抄本俱作「陳子民」。「民」，「明」之誤。據《西寧府新志》、《清史稿·卷五百十七·列傳三百四》（中華書局 1977 年版，第四七冊），應為「陳子明」。

〔五〕衣拉什：丘向魯《青海各民族移入的溯源及其分布之現狀》（《新亞細亞》1933 年 5 卷 3 期）作「亦拉什」。

〔六〕曹多隆：丘向魯《青海各民族移入的溯源及其分布之現狀》（《新亞細亞》1933 年 5 卷 3 期）作「曹多龍」。

〔七〕四十餘人：丘向魯《青海各民族移入的溯源及其分布之現狀》（《新亞細亞》1933 年 5 卷 3 期）作「二十餘人」。

〔八〕一萬二千餘人：丘向魯《青海各民族移入的溯源及其分布之現狀》（《新亞細亞》1933 年 5 卷 3 期）作「一千二百餘人」，又注「此處有誤」。《青海誌略》作「一萬二千餘人」，當為確實。

〔九〕抄本「區」後衍一「各」字。

第二節　蒙族

一、蒙族入青溯源

蒙古、青海、西藏，本來連成一氣，且其人民又同是逐水草而居，自然隨

時有遷入之機會。不過據歷史所載，至遲應在宋末之時。

　　青海蒙古計分二十九旗，即和碩特部二十旗、土爾扈特部〔註4〕四旗、綽羅斯部二旗、輝特部〔註5〕一旗、喀爾喀部一旗、察汗諾門罕一旗。蒙古之入青海，據《一統志》載：「明正德四年〔註6〕，蒙古亦不剌及阿爾禿斯獲罪其主，擁眾西奔。瞰知青海富饒，襲而據之。破安定四衛，大肆焚掠。番人多遠徙，其留者反為所役屬。名為『海寇』〔註7〕。九年〔註8〕，總制彭澤〔註9〕搗其巢。〔其〕〔一〕逃烏斯藏。及大軍還，亦不剌仍還海上，惟阿爾禿斯遁去。」此後，「北部俺答〔註10〕又羨青海富饒，攜子賓圖、丙兔〔註11〕等數萬眾，襲

〔註4〕　土爾扈特部：清代衛拉特蒙古四部之一。原游牧於塔爾巴哈臺（今新疆維吾爾族自治區塔城地區）附近的雅爾地方。明末清初，西遷額濟勒河（今伏爾加河）下游。乾隆二十三年（公元1758年）附牧於伊犁的舍棱亦奔該地。三十六年，其首領渥巴錫率眾長途跋涉，回牧伊犁。乾隆時將其部分為新舊兩部。新部由郡王舍棱統領，牧地在科布多西南，設二旗，會盟於青賽特奇勒圖，由科布多大臣管轄，歸定邊左副將軍節制。舊部由卓哩克圖汗渥巴錫統領，牧地在今新疆焉耆、烏蘇等縣，計十旗，分東西南北四路，會盟於烏納恩素珠克圖，由伊犁將軍管轄。別有青海土爾扈特部，與和碩特部雜居，雍正三年（公元1725年）分置四旗。

〔註5〕　輝特部：蒙古舊部落名。初隸屬杜爾伯特部，土爾扈特西遷後，成為衛拉特四部之一。姓伊克明安。游牧於塔爾巴哈臺附近。乾隆二十年（公元1755年）內附，編為二旗。另有青海輝特部，初隸屬和碩特部，雍正三年分出，另編一旗。

〔註6〕　正德四年：即公元1509年。

〔註7〕　此處主語省略，「海寇」非指上句主語「番人」，乃指前文主語「蒙古亦不剌及阿爾禿斯」及所領入侵青海的所有蒙古人。

〔註8〕　正德九年：即公元1514年。

〔註9〕　彭澤：明代將領。字濟物，出生於陝西承宣布政使司臨洮府蘭州（今屬甘肅省）。明孝宗弘治三年登進士，授工部主事。此後歷任刑部郎中、徽州府知府、真定府知府、浙江副使、河南按察使、右僉都御史、遼東巡撫、右副都御史、保定巡撫、右都御史、太子少保、左都御史、太子太保等，所到之處以威猛著稱。後總督川陝，平定四川叛亂。明世宗時起為兵部尚書。

〔註10〕　俺答（1507～1581）：即阿勒坦汗。蒙古右翼土默特萬戶首領。明嘉靖三十一年至萬曆元年（1552～1573年），聯合鄂爾多斯萬戶進攻瓦剌，佔據青海。穆宗隆慶四年（1570年）嚮明稱臣納貢，封為順義王。神宗萬曆四年（1576年）邀請三世達賴索南嘉措到青海講經說法，傳播黃教。萬曆六年，在仰華寺聚會，尊索南嘉措為「聖識一切瓦齊爾達賴喇嘛」，索南嘉措贈他「咱可喇瓦爾第徹辰汗」名號。由此，黃教開始在蒙古地區傳播。

〔註11〕　丙兔（？～1588年）：俺答汗第四子。明世宗嘉靖三十八年（公元1559年），隨俺答進入西海（今青海湖）一帶，逐走亦不剌部下卜兒孩。俺答東返後，仍留部眾居西海。穆宗隆慶五年（公元1571年），明封其為指揮同知。初在寧夏與明互市，後改在甘肅。奉命在青海建仰華寺，迎接三世達賴索南嘉措。

據其地。而俺答引去，留丙兔據青海。」

又據另一記載：則在西寧西北、甘州西南一帶（即海北），明代所謂安定衛地方，元代曾封宗室卜煙帖木兒〔註12〕為寧王鎮之。是蒙族之入青海，必在明正德以前。洪武三年以後，曾一再派使與卜煙帖木兒有所交涉。更可見青海北部早在蒙族之手。且在宋末元初，青海北部受蒙族侵犯之處極多。藏族深感蒙族侵略之苦，人民之住在海北者逐漸移至海南。

據上所述，是蒙族之入青海，至遲應在宋末矣。惟現有各族則均係以後移入者，茲分述於下：

一、和碩特部：據《蒙古游牧記》〔註13〕載：「清〔二〕初，固始汗自西北侵有其地（青海南北）。固始汗者，元太祖之弟哈布圖哈薩爾七傳至阿克薩葛〔噶〕〔三〕勒泰，子二：長阿魯克特穆兒〔爾〕〔四〕，次烏魯克特穆爾。九傳至博貝密爾咱，稱『衛拉特汗』。子哈尼諾顏洪果爾繼之，有子六。圖魯拜琥，其第四子也，號『固始汗』。即據〔有〕〔五〕青海，分部眾為左、右二翼，子十人領之。左境〔註14〕：東自〔西寧邊外〕〔六〕東〔七〕科爾寺〔八〕〔註15〕（距西寧百四十里），西至嘉峪關邊外洮賚河〔註16〕（肅州南），〔界〕〔九〕八百餘里；南自〔西寧邊外〕〔一〇〕博羅充克〔克〕〔一一〕河〔北岸〕〔一二〕（湟源西北），北至涼州邊外﹛之﹜〔一三〕西剌〔喇〕〔一四〕塔〔一五〕拉，凡〔一六〕四百

〔註12〕卜煙帖木兒：元代蒙古宗王的後裔，是元末和明初沙州路下薩里畏兀兒地方的最高統治者。關於其身世，一說為忽必烈第八子闊闊出（封寧王）的後裔，襲封為寧王；另一說為威武西寧王出伯的後裔，在元末自稱為威武西寧王，明人簡稱其為「寧王」。

〔註13〕《蒙古游牧記》：中國第一部較系統的蒙古地志。清代張穆（1808～1849年）著，共十六卷。該著作依地志體例寫成，對清代蒙古所有部落分別記錄，以各盟旗為單位，敘述其地理、範圍、形貌和位置，再以各部落所在地考察了其社會沿革及歷代北方各民族的交往關係。被學術界譽為學術性與現實性兼備的難得之作。

〔註14〕左境：其位置即今青海省海北藏族自治州、柴達木西北部、甘肅省河西西南部及內蒙古自治區額濟納河流域。

〔註15〕東科爾寺：又作丹噶爾寺。初建於清順治年間（公元1648～1651），藏名為東科爾甘丹卻科林，由四世東科爾多居嘉措創建，位於湟源縣城東舊寺臺，羅布藏丹津之亂時被毀。乾隆元年（公元1736年），由五世東科爾索南嘉措移建於今湟源縣日月山麓陽坡臺。

〔註16〕洮賚河：「洮賚」，匈奴語的音譯。今作「討賴河」。是甘肅省嘉峪關市唯一的地表河流，發源於青海省祁連山中段討賴掌。出冰溝口流經嘉峪關、酒泉、金塔後，下游匯入黑河（張掖河），屬黑河水系一級支流。

餘里。右境〔註17〕：東自東〔一七〕科爾{寺}〔一八〕廟，西至噶斯池〔一九〕〔註18〕，凡〔二〇〕二千五百餘里；南自〔二一〕松潘邊外漳〔二二〕臘嶺，北至博羅充克［克］〔二三〕河南岸，凡千五百餘里。崇德二年〔註19〕，遣使通貢。七年〔註20〕，復〔二四〕偕〔二五〕達賴喇嘛奉表{進}〔二六〕貢。順治三年〔註21〕，賜甲冑弓矢，俾管〔二七〕諸額魯特。十年〔註22〕封『遵文行義敏慧顧實汗』，賜金冊印。康熙三十七年〔註23〕，固始汗第十子〔二八〕達什巴圖爾來朝，詔封『和碩{特}〔二九〕親王』。諸臺吉授貝勒、貝子、公等［爵〕〔三〇〕有差。」按和碩特部原為二十一旗，嘉慶十三年〔註24〕詔將南左次旗裁撤，故和碩特僅有二十旗。

二、土爾扈特部：據《蒙古游牧記》載：「姓不著。始祖{為元臣}〔三一〕翁罕〔註25〕。六傳至瑪哈齊蒙克，生二子。長貝果鄂爾勒克，有子四。其第三子保蘭阿噶勒琥、第四子莽海始游牧青海，與和碩特族錯居。順治八年〔註26〕，莽海次子博治蘇克始通貢，自稱「青海土爾扈特臺吉」。初，其族隸和碩特部。雍正元年〔註27〕，蘿蔔藏丹津叛，有諾顏隆吉者附之，已而乞降，⌊從〕〔三二〕岳鍾琪勘〔三三〕賊。事定，以習沙門法，宥從逆罪。王大臣議別設旗，分佐領，

〔註17〕右境：其位置即今青海海南、果洛一部分，柴達木東南部，黃南南部以及四川西北部一部分。

〔註18〕噶斯池：《中國歷史地圖集》作「噶斯淖爾」，今作「格孜庫里」，又作「尕斯庫勒湖」。在今海西蒙古族藏族自治州茫崖行政委員會轄境。按清‧張穆《蒙古游牧記》注：「噶斯池，在黃河上游，鄂靈海東北，固爾班蒙滾陀海山東南六十餘里。有三池：一名鄂博圖噶斯池，週二十五里；一名多木達噶斯池，周十五里；一名察罕噶斯池，周十餘里。俱在黃河鄂博池之東，番名固爾班噶斯池。」

〔註19〕崇德二年：即公元 1637 年。

〔註20〕崇德七年：即公元 1642 年。按《清史稿》卷五百二十二列傳三百九《藩部‧青海額魯特傳》（中華書局，1997 年版，第四七冊）：「（崇德）七年，（固始汗）偕達賴喇嘛等奉表貢。」

〔註21〕順治三年：即公元 1646 年。

〔註22〕順治十年：即公元 1653 年。

〔註23〕康熙三十七年：即公元 1698 年。

〔註24〕嘉慶十三年：即公元 1808 年。

〔註25〕翁罕：土爾扈特部始祖。12 世紀後半葉為克烈惕部首領，其時人口眾多，兵強馬壯，在蒙古諸部中被尊稱為「也可汗」（大皇帝）。與鐵木真生父也速該為「安答」（異姓兄弟）。南宋慶元 5 年（119 年），鐵木真援助翁罕擊敗了乃蠻部的襲擊後，兩人在土兀剌河再次結為父子，確立了「父子安答」的關係。

〔註26〕順治八年：即公元 1651 年。

〔註27〕雍正元年：即公元 1723 年。

勿隸和碩特部。允之。三年，設札薩克四。」牧地在大通縣西、永安城之西南與西傾山脈及黃河間，又伊克烏蘭河一帶。

三、綽羅斯部：原為準噶爾族。準噶爾則為額魯特蒙古之一。額魯特原分四部：1. 和碩特部，姓博爾濟吉特；2. 準噶爾；3. 杜爾伯特，均姓綽羅斯；4. 土爾扈特。各自為長，號「四衛拉特」，統稱額魯特。準噶爾在明清之間，勢極猖獗，佔有今新疆天山南北路地方。又南攻回部，東襲外蒙古，乾隆起兵平之。經此打擊以後，其勢漸衰，仍不稱舊號，附牧於賽音諾顏，為額魯特二旗；附牧於青海者，即綽羅斯部。牧地在青海東南及東北岸。

四、輝特部：據《蒙古游牧記》載：「姓伊克明安，有卓理可圖和碩齊者，生子弟〔三四〕巴，號青諾顏。始游牧青海，[附和碩特族]〔三五〕。雍正二年，王大臣議青海之輝特，請別設旗，分佐領，勿隸和碩特[族]〔三六〕，允之。」牧地在青海東南岸。

五、喀爾喀部：據《蒙古游牧記》載：「格埒森扎扎賚爾琿臺吉季子鄂特歡諾顏（係元太祖第十七世孫〔三七〕），有二子：長唐吉特墨爾根岱青，三傳至通謨〔三八〕克，授札薩克輔國公，隸札薩克圖汗部；次多爾濟阿喇〔三九〕布坦〔四〇〕伊勒登，{因避噶爾丹之亂}〔四一〕，徙牧青海，子訥克額爾德尼阿〔四二〕海生達什惇多布，不復歸喀爾喀部，隸和碩特部。雍正元年，蘿蔔藏丹津脅青海喀爾喀諸臺吉附己，納克額爾德尼阿海從子根惇，迎大軍降。王大臣議青海之喀爾喀，請別設旗，分佐領，勿隸和碩特部。允之。」牧地在青海南岸。

六、察汗諾門罕：清順治年間，西藏喇嘛齊邁嘉木錯者，來青海闡揚黃教。番眾服從，稱「七世呼畢勒罕」。康熙四十四年〔註28〕，第八世罷錐嘉木錯入覲，詔封「察汗諾門罕」。雍正三年，授札薩克。察汗諾門罕，為蒙語。漢譯應為「白法王」，故又名白佛。又據龔子瑛〔註29〕君考察，以為察汗諾門罕現駐牧地，在黃河南阿里克。白佛之先本非〔四三〕蒙人，諸家以白佛為二十九蒙旗之一，非也。青海蒙古為二十八旗，加入白佛以足二十九旗之數，遂誤以藏為蒙。至其「察汗諾門罕」名號，因前清《理藩院則例》，呼圖克圖不兼察汗諾門罕。白佛無「呼圖克圖」職銜，故康熙時因入覲而賜以「諾門罕」也。今以

〔註28〕康熙四十四年：即公元 1705 年。
〔註29〕龔子瑛（1892～1969）：今甘肅省臨洮縣龔家灣人，民國時甘肅省政府官員。曾以甘肅省政府代表身份協同處理甘川兩省交界的「墨拉夷案」。著有《青海民族地理寺院紀略》、《辦理拉卜楞和夏河教地爭執案紀行》，輯錄有《青海史抄》、《青海民族史料摘抄》等。

藏族入蒙旗中，實為特例。又白佛牧地原在循化邊外，嘉慶二年經策巴克〔註30〕奏准，移居黃河之南，後又有潛往河北者〔註31〕。又一說，陝甘總督長齡奏明，將助勒蓋（大河壩附近）一帶之地給察汗諾門罕駐牧，後又經那彥成將白佛並野番驅〔四四〕回貴德原牧，或謂在今貴德鐵瓦寺。

二、蒙族分布概況

茲將蒙族分布情形，分錄於左：

（一）在共和縣者。本縣蒙族分住拉貢麻、二十臺、倒淌河、恰布恰一帶。詳情見附表。

（二）都蘭縣。住於青海四周之鹽池、五柴丹等處。詳情見附表。

（三）門源縣。住於永安城、群科灘等處。詳情見附表。

（四）湟源縣。住於東科寺一帶。人數未曾調查。

其他西寧等十縣無蒙族。

茲為便於記述起見，列表於後：

青海蒙古二十九旗名稱、地點、戶口一覽表

部　別	旗　名	俗　稱	駐牧地	帳篷約數	原有爵位	現時稱號
和碩特部	前首旗	黃河南旗〔註32〕	黃河南阿立蓋〔註33〕一帶	三千戶	親王〔註34〕	札薩克

〔註30〕 策巴克：博爾濟吉特氏，蒙古鑲黃旗人。1795年～1797年曾任西寧辦事大臣。

〔註31〕 按《西北考察記·青海篇（下篇）》第三章《青海之民族》記：「察漢諾們罕旗，原定牧地，在循化邊外。嘉慶二年，經策巴奏准，移居黃河之南，與番族同牧，地無定所，牧地為番人所據，乃徙居河北，在巴罕烏蘭河與伊克烏蘭河之間。」見《西北考察記》，南天書局，1936年，125～126頁。

〔註32〕 黃河南旗：又稱「河南親王旗」、「河南郡王旗」。丘向魯《青海各民族移入的溯源及其分布之現狀》（《新亞細亞》1933年5卷3期）作「河南郡王」。

〔註33〕 阿立蓋：今屬青海省海南藏族自治州貴德縣境。按國家民委《民族問題五種叢書》青海省編輯組編《青海省藏族蒙古族社會歷史調查》等資料，民國時和碩特部前首旗駐牧地當在今青海省黃南藏族自治州河南蒙古族自治縣境。

〔註34〕 親王：按《蒙古游牧記》載，固始汗第五子伊勒都齊次子博碩克圖濟農之第三子察罕丹津，於康熙五十六年（1717年）晉封「多羅郡王」。雍正元年（1723年）因功封「和碩親王」。

和碩特部	前左翼首旗	默特〔四五〕王	亹源永安營〔註35〕	三千戶〔四六〕	親王〔註36〕	同右〔註37〕
	東上旗	巴汗淖爾札薩克	亹源群科灘〔註38〕	二百戶〔四七〕	輔國公	同右
	南左翼中旗	河南〔拉加〕〔四八〕札薩克	黃河南拉加寺一帶〔註39〕	二千戶	輔國公	同右
	南左翼後旗	阿喀公	亹源群科灘	一百戶〔四九〕	鎮國公	同右
	南左翼末旗	群科札薩克	同右	一千戶	輔國公	同右
	南右翼中旗	黃河南札薩克〔五〇〕	黃河南阿立蓋一帶	二千戶	輔國公	同右
	南右翼後旗	托毛公〔註40〕	亹源群科灘	二百戶	鎮國公	同右
	南右翼末旗	居力蓋扎薩〔克〕〔五一〕	黃河北岸大河壩一帶〔五二〕	五百戶	輔國公	同右
	西前旗	青海王	都蘭寺西北〔五三〕	一百十戶〔五四〕	親王〔註41〕	同右
	西後旗	可可貝勒	都蘭鹽池附近〔註42〕	一百五十三戶〔五五〕	多羅郡王〔與貝勒〕〔五六〕	同右
	西左翼後旗	宗家扎薩〔克〕〔五七〕	都蘭五柴丹	五百戶	輔國公	同右

〔註35〕亹源永安營：即今海北藏族自治州祁連縣境。

〔註36〕親王：按《蒙古游牧記》載，固始汗第三子達蘭臺之子袞布（一作「固木布」）於康熙四十三年（1704年）封多羅貝勒。雍正元年，因功晉封「郡王」。

〔註37〕原書為由右至左、由上而下的豎排版面，故作「同右」。今作由左至右的橫排版面，相當於「同上」。

〔註38〕亹源群科灘：在今青海省海北藏族自治州海晏縣境。下同。

〔註39〕黃河南拉加寺一帶：在今青海省海南藏族自治州同德縣境。

〔註40〕托毛公：又作「托茂公旗」。

〔註41〕親王：按《蒙古游牧記》載，固始汗第六子多爾濟之次子策旺喇布坦嗣父為和碩特八臺吉之一，康熙四十二年（1703年）封「多羅郡王」。乾隆五十六年（1791年），策旺喇布坦孫朋素克旺札勒之孫索諾木多爾濟，以功賜「親王」品級。

〔註42〕都蘭鹽池附近：今青海省海西蒙古族藏族自治州都蘭縣境。

和碩特部	西右翼前旗	木勒扎薩[克]〔五八〕	俄博、永安一帶〔註43〕	五百戶	輔國公	同右
	西右翼中旗	臺吉乃爾扎薩[克]〔五九〕	柴達木臺吉乃爾〔六○〕	一千五百戶	輔國公	同右
	西右翼後旗	巴倫扎薩[克]〔六一〕	柴達木香日得、巴倫一帶〔六二〕	二百戶〔六三〕	輔國公	同右
	北前旗	布哈公	永安一帶〔註44〕	五百戶	鎮國公	同右
	北左翼右旗	科魯克貝勒〔註45〕	都蘭五柴丹〔六四〕	一百十五戶〔六五〕	郡王	同右
	北左末旗	鹽池扎薩[克]〔六六〕	[都蘭]〔六七〕鹽池附近〔註46〕	四十戶〔六八〕	輔國公	同右
	北右翼旗	宗貝子	湟源縣扎藏寺一帶〔六九〕	五百戶	郡王	同右
	北右末旗	庫魯克扎薩[克]〔七○〕	都蘭五柴丹〔七一〕	一千戶	輔國公	同右
土爾扈特部	南前旗	河南扎薩[克]〔七二〕	黃河南西傾山部	一千戶	輔國公	同右
	南中旗	永安扎薩[克]〔七三〕	亹源永安城〔註47〕	五百戶	輔國公	同右
	南後旗	角昂扎薩[克]〔七四〕	同右	五百戶	輔國公	同右

〔註43〕俄博、永安一帶：在今青海省海北藏族自治州祁連縣境。
〔註44〕永安一帶：在今青海省海北藏族自治州祁連縣境。
〔註45〕科魯克貝勒：國家民委《民族問題五種叢書》青海省編輯組編《青海省藏族蒙古族社會歷史調查》作「可魯溝貝子旗」。
〔註46〕鹽池附近：在今青海省海西蒙古族藏族自治州烏蘭縣境。
〔註47〕亹源永安城：在今青海省海北藏族自治州門源縣境。

土爾扈特部	西旗	托里和扎薩〔克〕〔七五〕	共和恰布恰〔七六〕	五百戶	輔國公	同右
綽羅斯部	南右翼頭旗	爾里克貝勒〔七七〕	郭密、恰布恰〔七八〕	二千戶	郡王	同右
	北中旗	水峽貝子	湟源縣水峽一帶〔七九〕	一千戶	貝勒	同右
輝特部	南旗	端達哈公	恰布恰西尼淖爾〔註48〕	一千戶	鎮國公	同右
喀爾喀部	南右旗	喀爾喀扎薩〔克〕〔八〇〕	群科灘〔八一〕	一百戶〔八二〕	輔國公	公中札薩克
〔獨立部〕〔八三〕	察汗諾門罕旗	白佛	黃河南哈里克〔八四〕	四千戶	札薩克、一等臺吉、大喇嘛	札薩克喇嘛

　　民國二十年，國民政府依蒙古會議《蒙古各盟旗組織決議案》，於十二月十二日公布《蒙古官制組織法》，各盟設正、副盟長各一人，各旗無親王、郡王等爵位之別，統以札薩克銜領之。

　　蒙古民族均為游牧生活，其統治力現仍沿用盟旗制度。分為左、右二盟，各盟有正、副盟長。每年會盟時，由各旗札薩克中互選，由蒙藏委員會呈請國民政府任命。各旗札薩克為世襲制。其爵位原有親王、郡王、貝勒、貝子、鎮國公、輔國公、臺吉等之別，握治理之權。因其民智未開，泥於積習，故只知有王公臺吉，不知有縣政府，而政府之權力不能立時深入。

　　現蒙民之在青海者，已漸式微〔註49〕。一由於蒙人永守游牧生活，不知改良以謀進化及生存。一由於清乾隆時征服準噶爾以後，用分裂政策，使其不相統屬；又採「扶番抑蒙」之政策，蒙、番兩族每有衝突發生，蒙民鮮有不失敗者。結果，人口乃逐漸減少，民族日趨於衰弱。照今日王公、貝勒所轄之戶口，有少至百數十家者。食地雖多，空無所有，不過徒擁虛名而已。

〔註48〕恰布恰西尼淖爾：在今青海省海南藏族自治州共和縣恰卜恰地區。
〔註49〕式微：指事物由興盛而衰落。

蒙古女子肖像

美國合眾社、倫敦泰晤士報記者哈里森‧福爾曼 1932～1933 年間拍

【校勘】

〔一〕此處主語省略。主語為前文之「蒙古亦不剌及阿爾禿斯」，故以理校法補。

〔二〕［清］張穆《蒙古游牧記》卷十二為「國」。「國初」即指當前朝代之初。著者係清人，故此指「清初」。見《蒙古游牧記》商務印書館，1938 年，第 247 頁。

〔三〕噶：新版、舊版印本及抄本俱作「葛」。按［清］張穆《蒙古游牧記》卷十二（商務印書館，1938 年，第 247 頁）、丘向魯《青海各民族移入的溯源及其分布之現狀》（《新亞細亞》1933 年 5 卷 3 期）作「噶」。

〔四〕爾：新版、舊版印本俱作「兒」。抄本及丘向魯《青海各民族移入的溯源及其分布之現狀》（《新亞細亞》1933 年 5 卷 3 期）作「爾」。

〔五〕［有］：據［清］張穆《蒙古游牧記》卷十二（商務印書館，1938 年，第 247 頁）、丘向魯《青海各民族移入的溯源及其分布之現狀》（《新亞細亞》1933 年 5 卷 3 期）補。

〔六〕[西寧邊外]：據［清］張穆《蒙古游牧記》卷十二（商務印書館，1938 年，第 249 頁）補。

〔七〕東：［清］張穆《蒙古游牧記》卷十二（商務印書館，1938 年，第 249 頁）為「棟」。

〔八〕寺：［清］張穆《蒙古游牧記》卷十二（商務印書館，1938 年，第 249 頁）為「廟」。

〔九〕[界]：據［清］張穆《蒙古游牧記》卷十二（商務印書館，1938 年，第 250 頁）補。

〔一〇〕[西寧邊外]：據［清］張穆《蒙古游牧記》卷十二（商務印書館，1938 年，第 250 頁）補。

〔一一〕[克]：據［清］張穆《蒙古游牧記》卷十二（商務印書館，1938 年，第 250 頁）補。

〔一二〕[北岸]：據［清］張穆《蒙古游牧記》卷十二（商務印書館，1938 年，第 250 頁）補。

〔一三〕之：據［清］張穆《蒙古游牧記》卷十二（商務印書館，1938 年，第 250 頁）為衍字。

〔一四〕喇：舊版、新版印本及抄本俱作「剌」。按［清］張穆《蒙古游牧記》卷十二（商務印書館，1938 年，第 250 頁）、丘向魯《青海各民族移入的溯源及其分布之現狀》（《新亞細亞》1933 年 5 卷 3 期）作「喇」。

〔一五〕塔：新版、舊版印本及抄本俱作「培」，「塔」之訛。今據［清］張穆《蒙古游牧記》卷十二（商務印書館，1938 年，第 250 頁）改。

〔一六〕凡：［清］張穆《蒙古游牧記》卷十二（商務印書館，1938 年，第 250 頁）為「界」。

〔一七〕東：［清］張穆《蒙古游牧記》卷十二（商務印書館，1938 年，第 251 頁）為「棟」。

〔一八〕寺：據《蒙古游牧記》卷十二（商務印書館，1938 年，第 251 頁），此處「寺」為衍。

〔一九〕池：新版、舊版印本及抄本俱作「地」，「池」之訛。今據［清］張穆《蒙古游牧記》卷十二（商務印書館，1938 年，第 251 頁）改。

〔二〇〕凡：［清］張穆《蒙古游牧記》卷十二（商務印書館，1938 年，第 251 頁）為「界」。

〔二一〕自：舊版、新版印本及抄本俱作「有」，「自」之訛。今據［清］張穆《蒙古游牧記》卷十二（商務印書館，1938 年，第 251 頁）、丘向魯《青海各民族移入的溯源及其分布之現狀》（《新亞細亞》1933 年 5 卷 3 期）改。

〔二二〕漳：新版、舊版印本及抄本俱作「障」，「漳」之訛。今據［清］張穆《蒙古游牧記》卷十二（商務印書館，1938 年，第 251 頁）改。

〔二三〕［克］：據［清］張穆《蒙古游牧記》卷十二（商務印書館，1938 年，第 251 頁）補。

〔二四〕復：舊版、新版印本及抄本俱作「後」，「復」之訛。據《蒙古游牧記》卷十二（商務印書館，1938 年，第 252 頁）改。

〔二五〕偕：抄本作「皆」，誤。

〔二六〕進：衍。據［清］張穆《蒙古游牧記》（商務印書館，1938 年，第 252 頁）、《清史稿》卷五百二十二列傳三百九《藩部‧青海額魯特傳》（中華書局，1997 年版，第四七冊）均無「進」。

〔二七〕管：［清］張穆《蒙古游牧記》卷十二（商務印書館，1938 年，第 252 頁）為「轄」。

〔二八〕第十子：新版、舊版印本及抄本俱作「弟子」，「第十子」之訛。今據《蒙古游牧記》（商務印書館，1938 年，第 252 頁）改。

〔二九〕特：衍。據［清］張穆《蒙古游牧記》（商務印書館，1938 年，第 252 頁）無「特」。

〔三〇〕爵：據卷十二《蒙古游牧記》（商務印書館，1938 年，第 252 頁）補。

〔三一〕{為元臣}：衍。據卷十二《蒙古游牧記》（商務印書館，1938 年，第 274 頁）無此三字。

〔三二〕［從］：據卷十二《蒙古游牧記》（商務印書館，1938 年，第 274 頁）補。

〔三三〕勘：［清］張穆《蒙古游牧記》卷十二（商務印書館，1938 年，第 274 頁）為「剿」。

〔三四〕弟：［清］張穆《蒙古游牧記》卷十二（商務印書館，1938 年，第 277 頁）為「第」。

〔三五〕［附和碩特族］：據卷十二《蒙古游牧記》（商務印書館，1938 年，第 277 頁）補。

〔三六〕［族］：據卷十二《蒙古游牧記》（商務印書館，1938 年，第 277 頁）補。

〔三七〕此處原作者注在「季子」後。據《清史稿》列傳三百八《藩部四》，現移於人

名後，以便理解。

〔三八〕謨：新版、舊版印本俱作「諾」，「謨」之訛。抄本有紅字旁批「通謨克」。今
　　　　據抄本旁批及《蒙古游牧記》（商務印書館，1938 年，第 278 頁）改。

〔三九〕濟阿喇：此處舊版、新版印本及抄本俱作「洛拉」。今據《蒙古游牧記》（商務
　　　　印書館，1938 年，第 278 頁）改。

〔四〇〕坦：新版、舊版印本及抄本俱作「垣」，「坦」之訛。今據《蒙古游牧記》（商
　　　　務印書館，1938 年，第 278 頁）改。

〔四一〕{因避噶爾丹之亂}：據卷十二《蒙古游牧記》（商務印書館，1938 年，第 278
　　　　頁）無此句。

〔四二〕尼阿：此處新版、舊版印本及抄本俱作「阿尼」，顛舛。今據《蒙古游牧記》
　　　　（商務印書館，1938 年，第 278 頁）、丘向魯《青海各民族移入的溯源及其分
　　　　布之現狀》（《新亞細亞》1933 年 5 卷 3 期）及下文易正。

〔四三〕非：新版、舊版印本及抄本俱作「為」，誤。今據丘向魯《青海各民族移入的
　　　　溯源及其分布之現狀》（《新亞細亞》1933 年 5 卷 3 期）改。

〔四四〕驅：新版、舊版印本原作「軀」，訛。抄本不誤。今據抄本及丘向魯《青海各
　　　　民族移入的溯源及其分布之現狀》（《新亞細亞》1933 年 5 卷 3 期）改。

〔四五〕抄本用紅字批改為「勒」。

〔四六〕《青海蒙旗戶數》（《西北評論》1932 年 1 卷 2、3 期）為「六百戶」。

〔四七〕《青海蒙旗戶數》（《西北評論》1932 年 1 卷 2、3 期）為「一百戶」。

〔四八〕據卷十二《蒙古游牧記》（商務印書館，1938 年，第 277 頁）補。

〔四九〕《青海蒙旗戶數》（《西北評論》1932 年 1 卷 2、3 期）為「二百戶」。〔四九〕
　　　　據國家民委《民族問題五種叢書》青海省編輯組編《青海省藏族蒙古族社會歷
　　　　史調查》等資料，為 150 戶。

〔五〇〕國家民委《民族問題五種叢書》青海省編輯組編《青海省藏族蒙古族社會歷史
　　　　調查》等資料作「達參旗」，在今青海省黃南藏族自治州河南蒙古族自治縣境。

〔五一〕[克]：據卷十二《蒙古游牧記》（商務印書館，1938 年，第 277 頁）補。

〔五二〕關於和碩特部南右翼末旗牧地，據〔清〕張穆《蒙古游牧記》載，「在黃河北
　　　　岸，有錫尼諾爾；東至烏蘭布拉克，南至黃河舒爾古勒渡口，西至希拉珠爾格
　　　　西山木魯，北至巴顏布拉克」。丘向魯《青海各民族移入的溯源及其分布之現
　　　　狀》（《新亞細亞》1933 年 5 卷 3 期）、《青海蒙旗一覽表》（《新西北》1941 年
　　　　4 卷 4 期）均作「薹源群科灘」。《青海誌略》作「黃河北岸大河壩一帶」，當

為確。據國家民委《民族問題五種叢書》青海省編輯組編《青海省藏族蒙古族社會歷史調查》等資料，在今青海省海南藏族自治州共和縣境。

〔五三〕關於和碩特部西前旗牧地，據〔清〕張穆《蒙古游牧記》載，「在布喀河南岸；東至烏圖起爾沙陀羅海，南至西拉庫圖爾果庫圖爾，西至察罕烏蘇呼魯恭納，北至布喀河濱納令希楞」。丘向魯《青海各民族移入的溯源及其分布之現狀》（《新亞細亞》1933 年 5 卷 3 期）作「都蘭鹽池附近」。《青海蒙旗一覽表》（《新西北》1941 年 4 卷 4 期）作「察爾淖爾（鹽池附近）」。據國家民委《民族問題五種叢書》青海省編輯組編《青海省藏族蒙古族社會歷史調查》等資料，當在今青海省海西蒙古族藏族自治州都蘭縣境。《青海誌略》作「都蘭寺西北」，較為確。

〔五四〕《青海蒙旗戶數》（《西北評論》1932 年 1 卷 2、3 期）為「五百戶」，與國家民委《民族問題五種叢書》青海省編輯組編《青海省藏族蒙古族社會歷史調查》等資料相符。此處戶數疑有誤。

〔五五〕《青海蒙旗戶數》（《西北評論》1932 年 1 卷 2、3 期）為「六百戶」，與國家民委《民族問題五種叢書》青海省編輯組編《青海省藏族蒙古族社會歷史調查》等資料相符。此處戶數有誤。

〔五六〕[與貝勒]：據丘向魯《青海各民族移入的溯源及其分布之現狀》（《新亞細亞》1933 年 5 卷 3 期）補。

〔五七〕[克]：據丘向魯《青海各民族移入的溯源及其分布之現狀》（《新亞細亞》1933 年 5 卷 3 期）補。國家民委《民族問題五種叢書》青海省編輯組編〔五八〕《青海省藏族蒙古族社會歷史調查》等資料作「宗加札薩旗」，在今青海省海西蒙古族藏族自治州都蘭縣境。

〔五八〕[克]：據丘向魯《青海各民族移入的溯源及其分布之現狀》（《新亞細亞》1933 年 5 卷 3 期）補。丘向魯《青海各民族移入的溯源及其分布之現狀》（《新亞細亞》1933 年 5 卷 3 期）作「默特札薩克」。國家民委《民族問題五種叢書》青海省編輯組編《青海省藏族蒙古族社會歷史調查》等資料作「默勒札薩旗」。

〔五九〕[克]：據丘向魯《青海各民族移入的溯源及其分布之現狀》（《新亞細亞》1933 年 5 卷 3 期）補。

〔六〇〕關於和碩特部西右翼中旗牧地，據〔清〕張穆《蒙古游牧記》載，「跨柴達木河，東至諾木罕河，南至諾木罕木魯，西至滔賚，北至希勒沿。」丘向魯《青海各民族移入的溯源及其分布之現狀》（《新亞細亞》1933 年 5 卷 3 期）作「都蘭五柴丹」。《青海蒙旗一覽表》（《新西北》1941 年 4 卷 4 期）、《青海誌略》

均作「柴達木臺吉乃爾」，當為確。據國家民委《民族問題五種叢書》青海省
編輯組編《青海省藏族蒙古族社會歷史調查》等資料，在今青海省海西蒙古族
藏族自治州格爾木市境。

〔六一〕據丘向魯《青海各民族移入的溯源及其分布之現狀》（《新亞細亞》1933 年 5
卷 3 期）補。國家民委《民族問題五種叢書》青海省編輯組編《青海省藏族蒙
古族社會歷史調查》等資料作「巴隆札薩旗」，在今青海省海西蒙古族藏族自
治州都蘭縣境。

〔六二〕關於和碩特部西右翼後旗牧地，據〔清〕張穆《蒙古游牧記》載，「跨柴集河，
其水北注鹽池；東至錫喇鹽海子察罕托羅海（山名，日月山系支脈之一），南
至合約爾巴爾古，西至布隆吉爾河源，北至果庫圖爾希拉庫圖爾」。丘向魯《青
海各民族移入的溯源及其分布之現狀》（《新亞細亞》1933 年 5 卷 3 期）作「都
蘭五柴丹」。《青海蒙旗一覽表》（《新西北》1941 年 4 卷 4 期）、《青海誌略》
均作「柴達木香日得、巴倫一帶」，當為確。

〔六三〕《青海蒙旗戶數》（《西北評論》1932 年 1 卷 2、3 期）為「五百戶」。

〔六四〕關於和碩特部北左翼右旗駐牧地，《青海蒙旗一覽表》（《新西北》1941 年 4 卷
4 期）作「柴達木塞石塘」。據國家民委《民族問題五種叢書》青海省編輯組
編《青海省藏族蒙古族社會歷史調查》等資料，在今青海省海西蒙古族藏族自
治州德令哈市境。

〔六五〕《青海蒙旗戶數》（《西北評論》1932 年 1 卷 2、3 期）為「三千戶」。當為確。
丘向魯《青海各民族移入的溯源及其分布之現狀》及許崇灝《青海誌略》所採
用數據疑為初編時戶口，故與民國時（1938 年前）戶數相差甚遠。

〔六六〕〔克〕：據丘向魯《青海各民族移入的溯源及其分布之現狀》（《新亞細亞》1933
年 5 卷 3 期）補。國家民委《民族問題五種叢書》青海省編輯組編《青海省
藏族蒙古族社會歷史調查》等資料作「茶卡王旗」。

〔六七〕〔都蘭〕：據丘向魯《青海各民族移入的溯源及其分布之現狀》（《新亞細亞》
1933 年 5 卷 3 期）補。

〔六八〕《青海蒙旗戶數》（《西北評論》1932 年 1 卷 2、3 期）為「三百戶」。

〔六九〕關於和碩特部北右翼旗牧地，據〔清〕張穆《蒙古游牧記》載，「在青海北岸；
東至沙拉哈吉爾，南至庫庫諾爾齊津，西至吹吉烏立圖阿拉爾，北至烏蘭和
碩」。丘向魯《青海各民族移入的溯源及其分布之現狀》（《新亞細亞》1933 年
5 卷 3 期）作「同前（疊源群科灘）」。《青海蒙旗一覽表》（《新西北》1941 年

4卷4期）作「群科灘（湟源縣扎藏寺）」。《青海誌略》作「湟源縣扎藏寺一帶」。據國家民委《民族問題五種叢書》青海省編輯組編《青海省藏族蒙古族社會歷史調查》等資料，在今青海省海北藏族自治州海晏縣境。

〔七〇〕［克］：據丘向魯《青海各民族移入的溯源及其分布之現狀》（《新亞細亞》1933年5卷3期）補。國家民委《民族問題五種叢書》青海省編輯組編《青海省藏族蒙古族社會歷史調查》等資料作「可魯札薩旗」。

〔七一〕關於和碩特部北右末旗駐牧地，《青海蒙旗一覽表》（《新西北》1941年4卷4期）作「庫爾魯古」。據國家民委《民族問題五種叢書》青海省編輯組編《青海省藏族蒙古族社會歷史調查》等資料，在今青海省海西蒙古族藏族自治州德令哈市境。

〔七二〕［克］：據丘向魯《青海各民族移入的溯源及其分布之現狀》（《新亞細亞》1933年5卷3期）補。國家民委《民族問題五種叢書》青海省編輯組編《青海省藏族蒙古族社會歷史調查》等資料作「托日和札薩旗」，在今青海省黃南藏族自治州河南蒙古族自治縣境。

〔七三〕［克］：據丘向魯《青海各民族移入的溯源及其分布之現狀》（《新亞細亞》1933年5卷3期）補。

〔七四〕［克］：據丘向魯《青海各民族移入的溯源及其分布之現狀》（《新亞細亞》1933年5卷3期）補。

〔七五〕［克］：據丘向魯《青海各民族移入的溯源及其分布之現狀》（《新亞細亞》1933年5卷3期）補。國家民委《民族問題五種叢書》青海省編輯組編《青海省藏族蒙古族社會歷史調查》等資料作「托里合札薩旗」，在今青海省海南藏族自治州共和縣境。

〔七六〕關於土爾扈特部西旗駐牧地，《青海蒙旗一覽表》（《新西北》1941年4卷4期）作「永安托里和」。

〔七七〕國家民委《民族問題五種叢書》青海省編輯組編《青海省藏族蒙古族社會歷史調查》等資料作「克里克貝勒旗」，在今青海省海北藏族自治州海晏縣境。

〔七八〕關於綽羅斯部南右翼頭旗牧地，據［清］張穆《蒙古游牧記》載，「當青海東南岸；東至博爾巴齊他爾察罕鄂博哈拉烏素，南至固爾班他拉貢諾爾，西至窩爾登諾爾伊克察罕哈達，北至青海」。丘向魯《青海各民族移入的溯源及其分布之現狀》（《新亞細亞》1933年5卷3期）作「亹源群科灘」，誤。《青海誌略》作「郭密、恰布恰」，當為確。

〔七九〕關於綽羅斯部北中旗牧地，據〔清〕張穆《蒙古游牧記》載，「在青海西北岸，東至濟爾瑪爾臺，南至布喀沿，西至西爾哈落薩，北至濟爾瑪爾臺」。丘向魯《青海各民族移入的溯源及其分布之現狀》（《新亞細亞》1933 年 5 卷 3 期）作「疊源永安城」，當為確。據國家民委《民族問題五種叢書》青海省編輯組編《青海省藏族蒙古族社會歷史調查》等資料，在今青海省海北藏族自治州海晏縣境。

〔八〇〕〔克〕：據丘向魯《青海各民族移入的溯源及其分布之現狀》（《新亞細亞》1933 年 5 卷 3 期）補。

〔八一〕關於喀爾喀部南右旗牧地，據〔清〕張穆《蒙古游牧記》載，「在青海南岸；東至察罕哈達，南至南山木魯，西至鄂蘭布拉克，北至青海」。丘向魯《青海各民族移入的溯源及其分布之現狀》（《新亞細亞》1933 年 5 卷 3 期）、《青海蒙旗一覽表》（《新西北》1941 年 4 卷 4 期）均作「疊源永安城」。據國家民委《民族問題五種叢書》青海省編輯組編《青海省藏族蒙古族社會歷史調查》等資料，在今青海省海北藏族自治州門源縣永安灘。

〔八二〕《青海蒙旗戶數》（《西北評論》1932 年 1 卷 2、3 期）為「三百戶」。

〔八三〕〔獨立部〕：抄本將「察汗諾門罕旗」繪於「喀爾喀部」目下，誤。今據《青海蒙旗一覽表》（《新西北》1941 年 4 卷 4 期）補。

〔八四〕關於察汗諾門罕旗牧地，丘向魯《青海各民族移入的溯源及其分布之現狀》（《新亞細亞》1933 年 5 卷 3 期）作「疊源群科灘」。《青海蒙旗一覽表》（《新西北》1941 年 4 卷 4 期）、《青海誌略》均作「黃河南哈里克」。據國家民委《民族問題五種叢書》青海省編輯組編《青海省藏族蒙古族社會歷史調查》等資料，在今青海省海北藏族自治州海晏、海南藏族自治州貴德兩縣。

第三節　回族

一、回族入青溯源

　　回族之入中華，據史籍所載，源於隋文帝開皇丁未年〔註 50〕。回人所稱為穆聖者，應文帝之請，派宛葛素〔註 51〕等來中國報聘。文帝留之居於東土，

〔註 50〕按丘向魯《青海各民族移入的溯源及其分布之現狀》（《新亞細亞》1933 年 5 卷 3 期）注：「誤」。

〔註 51〕宛葛素：伊斯蘭教創始人穆罕默德的大弟子，第一位來華的伊斯蘭教傳教士。唐貞觀初年從波斯灣來到廣州傳教，並建中國第一座清真寺——懷聖寺供僑民禮拜。後在廣州逝世。

宣講經義。唐太宗亦禮遇有加。自後交通漸繁，關係密切，天方（阿拉伯）之教師、教民源源而來。由唐而宋、而明、迄清，回民不獨久居中國，且為國家官吏。

　　據回民傳說：回族之來青海，始自唐朝。當時由他們的教主帶領許多傳教士，從新疆一路沿祁連山以至青海傳教，在西寧及湟源均有其足跡。至大通、亹源一帶之回族，則自甘州、河州、涼州移入，至今尚有甘州莊、河州莊、涼州莊等，都是回族聚居之所在。化隆則有一部番人轉奉回教者。在樂都、民和，有一部分係明時冶土司之後，原為西域纏頭〔註52〕；另一部分則為光緒二十一年回族之亂，由甘肅永登移來者。循化之回人則來自甘肅河州。此外，尚有蒙人或漢人改奉回教，因以成回民者。

回民

美國《生活》雜誌記者於 1947 年攝

二、回族分布概況

　　茲將本省回族分布情形，分錄如左：

〔註52〕纏頭：中國穆斯林有一部分人習以白布纏頭，仿傚聖行。清代官書或文籍中常
　　　　稱為「纏頭」、「纏頭回」或「纏回」。

（一）在西寧縣者，住於城內東關及第一、二、三、四各區。計七千零十一戶，四萬九千三百八十五人。

（二）在樂都縣者，住城內東關及附廓一帶。計二百二十九戶，一千零四十二人。

（三）在大通縣者，住西區極樂、良教二堡及東區河州、涼州、新莊、舊莊、南區石山堡等處。計二萬三千餘人。

（四）在貴德縣者，住城關及康、楊、李三屯。計一千九百餘人。

（五）在化隆縣者，住城內及附廓數十里。計二千一百十三戶，約一萬二三千人。

（六）在循化縣者，住城關。約五十餘戶，二百餘人。

（七）在湟源縣者，住縣城及附廓。計三百十七戶，約一千六七百人。

（八）在玉樹者，只一二人。

（九）在共和縣者，住口毛底、蘇呼、拉開才等處。計五十六戶，一百四十五人。

（十）都蘭縣只有偶來經商者，無常住之回人。

（十一）在互助縣者，住第一區什字莊、第三區山莊、邵家溝、門中嶺、剛沖等處。計二百三十餘戶，約一千人。

（十二）在同仁縣者，住保安鎮。戶口見漢族同條。

（十三）在亹源縣者，住浩源河南一帶。戶口見漢族同條。

（十四）在民和縣者，計五千餘戶，約二萬六七千人。

回教人民頗富裕，極精神，團結力甚強。凡回民居留之各縣，均設有回教促進分會，其總會設於西寧。並附設中學校及小學校，其目的在改進回民教育，貫輸三民主義，使互相親善，化除各族間感情之隔閡。將來之進步，正未可限量也。

第四節　藏族

一、藏族入青溯源

青海原為西羌或西戎之大本營。西羌乃藏族之始祖，故藏族之入青必甚早也。

　　據《西藏紀要》〔註53〕所載：「西藏，古代三苗之遺裔也。在唐虞之世，居於洞庭、彭蠡之間。舜帝竄之於三危〔註54〕，即今之喀木及藏 [之]〔一〕地也（按康熙五十九年上諭說：《禹貢》『導黑水，至於三危』，舊注以『三危』為山名，而不 [能]〔二〕知其所在。朕今始考其實。三危者，猶中國之三省也。打箭爐〔註55〕西南，達賴所屬〔三〕{者}〔四〕為危〔註56〕地；拉里城東南〔五〕為喀木地〔註57〕；班禪額爾德尼所屬為藏地。合三地為三危耳〔註58〕）。其後嗣繁衍，部落非一，各戴酋長，或雜居於內地 [之]〔六〕甘肅、陝西、青海、四川及雲南之北部，吾國統稱之曰『西戎』或『西羌』。自周平王東遷，隴西諸地悉為該族所盤據。至隋開皇〔七〕中，西羌（即土番）〔八〕有酋長曰倫贊字〔九〕（索）〔註59〕者，滅吐谷渾而有其地。」

　　據《晉書‧西戎傳》：「吐谷渾，慕容廆〔註60〕之庶長兄也。父涉歸〔註61〕

〔註53〕《西藏紀要》：中華民國軍事將領、政治活動家吳忠信著作。
〔註54〕三危：古山名。其地望歷來異說頗多：一說在今甘肅省渭源縣西南、岷縣南；一說在今敦煌市東南三危山；一說在今青海省東南部，包括甘肅省西南部與川西北交界的西傾山、積石山、巴顏喀喇山地區及其周圍地區；一說在今西藏自治區中東部和川西地區；一說在雲南境內。本書作者許氏引《西藏紀要》據康熙上諭，認為即今西藏。按李文實《西陲古地與姜藏文化》：「康熙以三危為唐古特三部，雖屬不當，但危、衛音比，確屬創見。因為古書『導黑水至於三危』的記載，證以今怒江下游稱薩爾溫江（或薩爾烏音河）且果入南海的實況，康熙帝的結論便在修正後得到了證實。」亦有說法謂指甘青西羌部落當時的名稱，並非指某一地名或山名。如西漢經學家孔安國《尚書傳》謂三危即「西裔」。見《書‧舜典》孔傳。南朝裴駰《史記集解》引漢馬融亦主此說。
〔註55〕打箭爐：即今四川省康定縣。雍正十一年（公元1733年）置打箭爐廳。
〔註56〕危：《衛藏通志》卷三「山川」注：「烏斯與危、衛同音也。」按李文實《西陲古地與姜藏文化》：「藏地，唐稱吐蕃，明稱烏斯藏，至清稱衛藏，清平定衛藏之亂才定名為西藏，謂在中國西部。烏斯，即『衛』的轉譯，藏語讀如『回』。危、回、衛當古今音轉寫之異。」
〔註57〕喀木地：《衛藏通志》卷三「山川」注：「即康也。」
〔註58〕見《清實錄》康熙五十九年庚子十一月辛巳。
〔註59〕倫贊索：也稱南日倫贊、囊日論贊。部落時代吐蕃王國的末代首領，吐蕃王朝的建立者松贊干布之父。
〔註60〕慕容廆（269～333）：字奕洛瑰，昌黎棘城（在今遼寧省錦州市義縣西北）人。慕容部首領慕容涉歸之子，前燕建立者慕容皝之父。西晉末年，在遼東建立地方政權，接受西晉政權平州牧、遼東郡公等官爵。後被前燕景昭帝慕容儁追謚為武宣皇帝。
〔註61〕涉歸（？～283年）：即慕容涉歸，慕容部鮮卑初代酋長莫護跋（慕容焉）之孫，慕容木延之子，繼任慕容部鮮卑首長，為十六國前燕先驅。嗣後，其孫慕容皝建立前燕。

分部落一千七百家以隸之。涉歸卒，吐谷渾乃渡隴而西。其後子孫據有西零〔註62〕（即今甘肅道河以西、青海現有各縣之地）以西，甘松〔註63〕為界，極乎白蘭數千里（即海南北各地）〔一〇〕，以「吐谷渾」為名〔一一〕。」

又《周書・異域傳》：「自吐谷渾至伏連籌〔註64〕共十四世。伏連子夸呂〔註65〕，始自號為『可汗』。治伏俟城，城在青海西十五里。東西三千里，南北千餘里。」

又據《西寧府志》〔註66〕載：「唐高宗龍朔〔一二〕三年〔註67〕，吐蕃攻吐谷渾。詔鄭仁泰〔註68〕救之。乾封三年〔註69〕，吐谷渾慕容賢為青海國王。時吐蕃漸強，青海為其所有。鄯州都督李敬元與土番戰於青海，敗績。永隆二年〔註70〕，土番贊婆〔註71〕屯青海河源道。」

又據《西寧府志》：「五代以至宋元，為唃斯羅等所居（宋景德三年〔註72〕，宗哥番族，亦羌族之一，僧李立遵〔註73〕、邈川大酋溫逋奇〔一三〕遵立唃羅斯，居青〔唐〕〔一四〕城，即今大通一帶〔註74〕）。元時統號『西番』，故有「西番都護」之官焉。明正德四年，其部屬為蒙酋所蹂躪，番民多遷〔一五〕徙至海南逃避。清初蒙人固始汗游牧其地，於是海南北悉為蒙人所據。但後來蒙人勢力漸衰，番族又素以強悍稱，於是逃避海南者又轉而至海北。故今海南北為蒙、

〔註62〕西零：即今青海省西寧及其周邊一帶。

〔註63〕甘松：指今四川省阿壩藏族羌族自治州松潘縣境甘松嶺一帶。

〔註64〕伏連籌（？～540年）：複姓慕容，名伏連籌，一作休留茂。鮮卑族，度易侯之子，吐谷渾政權君主。490年～540年在位。太和十四年（490年），度易侯去世，伏連籌即位。興和二年（540年），伏連籌去世，其子夸呂即位。

〔註65〕夸呂（531年～591年）：《隋書・西域・吐谷渾傳》作「呂誇」。伏連籌之子，吐谷渾統治者。其父伏連籌死後繼位，成為第一個自稱可汗的吐谷渾首領，居伏俟城。公元541年～591年期間在位。

〔註66〕《西寧府志》：即《〔乾隆〕西寧府新志》。

〔註67〕龍朔三年：即公元663年。

〔註68〕鄭仁泰：唐朝功臣，秦府中人，是玄武門政變的先鋒之一。曾入右武衛大將軍、檢校右衛、右領大將軍事。後討平鐵勒叛亂不利而被降職。

〔註69〕乾封三年：即公元668年。

〔註70〕永隆二年：即公元681年。

〔註71〕贊婆：是吐蕃赫赫有名的噶氏家族噶爾・東贊的第三子。「贊婆」為其漢文文獻稱呼。

〔註72〕景德三年：即公元1007年。

〔註73〕李立遵：北宋時期吐蕃宗哥城（今青海平安縣）僧人，又名李遵，藏名郢成藺逋叱。擁立唃廝囉為主，自稱論逋（宰相）。

〔註74〕青唐城：即今青海省西寧市。原作者注「即今大通一帶」，誤。

番兩族雜居之地。」

又據《蒙古游牧記》:「西羌之本,出〔自〕〔一六〕三苗。其國近南嶽。及舜流四凶〔註75〕,徙之三危、河關〔註76〕之西南,羌地是也。漢河關縣在今青海西寧縣西南塞外地〔註77〕也。」

又《後漢・西羌傳》:「自爰劍(羌無弋爰劍者,秦厲公時入三河間,諸羌推以為『豪』)〔一七〕後,子孫分支,凡百五十種。」故藏族名稱甚繁(見後附表)。

據上所載,則藏族始祖之入青海,應在大舜時代。不過,「西戎」之名得見於史冊者,則自《禹貢》始。

二、藏族分布概況

茲將藏族在本省分布情形,分述如左:

(一)在西寧縣者。分布於第二、三、四各區。計八百五十一戶,七千零一人。

(二)樂都縣。分布於山腦各地。計五百二十一戶,三千一百餘人。

(三)大通縣。分生番、熟番兩種。計四千七百餘人。

(四)貴德縣。分布於三溝、下山及南西山後,亦分生番、熟番兩種。計二千二百十一戶,九萬五千零一人。

(五)化隆縣。分布於東、西、南各區,如上十族、下六族等處。計一千三百六十四戶,約七千人。

(六)循化縣。分布於邊都、起臺等處。計六千四百二十八戶。

(七)湟源縣情形,見蒙族同條。

(八)玉樹縣。全為藏族所居。詳情見附表。

(九)共和縣。分布於倒淌河、日月山、柳梢溝、朵海岸、切吉、阿蘇呼、大河壩、恰布恰一帶。約計三千五六百戶,一萬七八千人。

(十)都蘭縣。環海各族,如熱安族、都受族〔註78〕、汪什代海族,均屬藏族。約二千戶,七千八百餘人。

〔註75〕四凶:上古傳說中帝舜所流放的四族首領。《尚書・堯典》:「流共工於幽州,放歡兜於崇山,竄三苗於三危,殛鯀於羽山,四罪而天下咸服。」
〔註76〕河關:指今青海省黃南藏族自治州尖扎、同仁之間。
〔註77〕今青海西寧縣西南塞外地:據丘向魯《青海各民族移入的溯源及其分布之現狀》(《新亞細亞》1933年5卷3期)注:「約在今貴德等屬」。
〔註78〕都受族:又稱「都秀族」。「環海八族」之一,該部落分布在今貴德縣常牧鄉。

（十一）同仁縣。亦有生番、熟番兩種。計三千八百四十三戶，一萬四千餘人〔一八〕。

（十二）亹源縣。分布於老虎溝、河西、加多寺、那龍窩窩、班固寺一帶。人口見漢、蒙各節本條。

（十三）民和縣。約計五百餘戶，二千六百餘人。

（十四）互助縣。分布于北山後邯鄲寺一帶，約計二三百戶，一千四五百人。

茲為便於記述起見，分別列表如左：

1. 環海八族一覽表

族　別	轄族數	千　戶	百　戶	管轄戶口	駐牧地
剛咱	十	一	八	三千餘戶	青海北部布哈河沿岸
都受	三	一	八	八百餘戶	［青］海南［部黄］河北［岸］〔一九〕海南腦一帶
千卜錄	十一	一	四	一千餘戶	［青］海南［部黄］河北［岸］〔二〇〕倒淌河一帶
公滏爾池代〔註79〕	九	一	四	三千餘戶	大河壩一帶
汪什代克	十二	一	八	一千餘戶	海西達爾尕修一帶
曲加洋沖〔註80〕	三	一	三	二千餘戶	海南角什科泊一帶
拉安	九	一	五	一千餘戶	海西香日得南山
阿里克	一	一	四	二千餘戶	海北彌勒河沿岸

2. 玉樹二十五族一覽表

族　名	千　戶	百　戶	駐在地	管轄戶口	游牧地界
囊謙	一	四	色魯馬莊	二千餘戶〔二一〕	雜楚河與鄂穆河之間

〔註79〕 公滏爾池代：即「阿曲呼族」。分布在今海南藏族自治州興海縣境。

〔註80〕 曲加洋沖：即「曲加族」、「祁加族」，又稱「夏卜讓部落」「夏卜浪」、「參卜浪」。「環海八族」之一，原駐地在今甘肅夏河縣境內，後遷至今同仁縣年都乎鄉一帶游牧。因與當地其他部落發生糾紛，後又向西遷移，來到今海南藏族自治州同德縣游牧。清道光、咸豐年間，其一部分渡過黃河到今興海縣放牧，自此分為兩部。

扎武		一	結古	一千戶	通天河南岸
拉達		一	班慶寺	三百餘戶	巴通一帶
布慶		一	登喀色莊	三百五十戶〔二二〕	通天河南岸
拉休		一	龍喜寺	一千餘戶	子楚河南北兩岸
迭達		一	迭達莊	六百餘戶	通天河西
固察		一	沁喀莊	一百五十餘戶〔二三〕	通天河東北岸
稱多		一	周均莊	三百餘戶〔二四〕	通天河東、稱多河一帶
安沖		一	安沖莊	五百餘戶〔二五〕	通天河西南、義曲河一帶
蘇爾莽		一	結載寺	五百餘戶〔二六〕	子楚河下流
蘇魯克		一	可壩地	四十餘戶〔二七〕	鄂穆曲河南
蒙古爾津		一	奢雲水	百餘戶	瑪楚河上源
附白力得瑪		一	由蒙古爾津族分析	二百餘戶	瑪楚河南
附白力麥瑪		一	由白力得瑪族分析	百餘戶	瑪楚河上游南岸
附休馬		一	由白力麥瑪族分析	二百餘戶	瑪楚河北岸
永夏		一	東郡河	四百餘戶	同右
竹節		一	竹節寺	百餘戶〔二八〕	瑪楚河南岸
附阿乜六瓦		一	由永夏族分析	百餘戶	哈拉山南麓哈雲一帶
附上歇武		一	由竹節族分析	五十戶	加浪山南、迭達之東
附下歇武		一	由上歇武族分析	五十戶	通天河、瑪楚河之間
格吉得瑪		一	咱洗	百餘戶	子楚河上流
附拉錯		一	由格吉得瑪族分析	百餘戶	雜楚河北岸
格吉班瑪		一	讓雲	二百餘戶〔二九〕	雜楚河及子曲河上流

格吉麥瑪		一	格吉爾	六百餘戶〔三〇〕	雜楚河源、隆毛拉山之北
中壩得瑪		一	當木雲	三百餘戶〔三一〕	當木雲上源、沙買拉山之北
中壩班瑪		一	鄂穆河北	百餘戶	瓦里拉山之南、鄂穆河北
中壩麥瑪		一	鄂穆河南	四百餘戶	鄂穆河上流
玉樹戎模		一	業卡曲	四百餘戶	通天河上流
附日娃		一	由戎模族分析	百餘戶	木魯烏蘇河上源
玉樹將賽		一	登俄隴水上源	四百餘戶〔三三〕	通天河上流
玉樹總舉		一	曲馬來源	三百餘戶〔三四〕	通天河上流
玉樹雅拉		一	木雲灘	三百餘戶〔三五〕	通天河上流
娘磋		一	下年錯	三百餘戶〔三六〕	巴顏哈拉山南曲水一帶
附覺拉寺			覺拉寺	百餘戶	雜楚河邊
附拉布寺			拉布寺	百五十戶	通天河東

3. 黃河南岸駐牧各族一覽

（1）責成循化縣代管者二十三族

族　　名	首　　領	所屬百戶	所屬百總
加咱族	千戶	二名	三名
瓜什濟族	百戶		二名
沙布浪族	千戶	一名	三名
思德受族	百戶		二名
賀爾族	千戶	三名	六名
官受族	千戶	三名	六名
案乃黑族	百戶		二名
麥受族	百戶		二名
依諾合族	百戶		三名
孕窪族	百戶	二名	三名
下拉布浪族	百總		
下加咱族	百總		

族　名	首領	所屬百戶	所屬百總
隆武沙布納浪族	百戶	二名	三名
隨捏隆族	百戶		一名
麥受什吉族	百總		二名
麥倉族	百總		
誇力族	百總		
瓜什濟族	千戶	一名	三名
賀爾什代亥浪族	百戶		一名
沙布浪雙勿族	百戶		
逵勿倉族	百戶		二名
哇咱族	百戶		一名
葉什群族	千戶	一名	二名

注：上列各族人數，已見該縣人數中。

（2）責成貴德縣代管者十一族

族　名	首　領	所屬百戶	所屬百總
拉安卓爾族	百戶		四名
揣咱族	百戶	二名	四名
他受族	百戶		一名
完受族	百戶		四名
汪波洛族	百戶		
壓倉族	百戶		
加祿族	百總		
剛咱還倉族	百總		
剛咱葉黑莫族	百總		
拉安察乃黑族	百總		
都受恭扎族	百總		

注：上列各族人數，已見該縣人數中。

此外，在亹源縣北山後者，有爾加定族、遷扎族、溫朱古族、們密族；下山，名布藏族、沙隆族。在共和縣南山後者，有上郭密之完的、朱蓋、還木、什東加等族及下郭密之江拉、阿什貢、尕勒藏、合爾加等族。均係小族，戶數無多。

又果洛克五族、西寧番族等，分族頗為複雜，皆為唐古特種。其統治管理之人，仍沿用昂鎖、千戶、百戶、頭目等名稱，由番民按時供應。所有一切政令、動作，亦惟千百戶、頭目之命令是從。因之千百戶頭目等權力極大，可以左右番族，且均極富庶。牛、馬牲畜及一切奶、油、皮、毛等日用物品，皆由番民供獻。

　　青海各番族中，以果洛人為最強悍。性喜劫掠，茹毛飲血，習以為常。青海各族多畏之，稱為「野番」。亟宜設法開化，使其就範。

青海果洛族茹毛飲血

1934 年莊學本攝

　　為今之計，須促進各族之教化，改良其生活，使其同享自由、平等之幸福，而青海前途之發展，方可抱樂觀也。

【校勘】

〔一〕據吳忠信《西藏紀要》第一章「西藏之起源及與中國歷代關係概況」（《西藏紀要》全國圖書館文獻縮微複製中心 1991 年版，第 1 頁）、據丘向魯《青海各民族移入的溯源及其分布之現狀》（《新亞細亞》1933 年 5 卷 3 期）補。

〔二〕據《清聖祖實錄》康熙五十九年十一月辛巳上諭（《清實錄藏族史料》，第一冊，259 頁）補。

〔三〕新版、舊版印本及抄本俱作「居」，「屬」之誤。今據《清聖祖實錄》康熙五十九年十一月辛巳上諭、丘向魯《青海各民族移入的溯源及其分布之現狀》（《新亞細亞》1933 年 5 卷 3 期）改。

〔四〕據《清聖祖實錄》康熙五十九年十一月辛巳上諭、丘向魯《青海各民族移入的溯源及其分布之現狀》（《新亞細亞》1933 年 5 卷 3 期），均無「者」。

〔五〕新版、舊版印本及抄本俱作「西南」，係「東南」之誤。現據《清聖祖實錄》康熙五十九年十一月辛巳上諭改。

〔六〕據吳忠信《西藏紀要》第一章「西藏之起源及與中國歷代關係概況」（出版《西

藏紀要》全國圖書館文獻縮微複製中心 1991 年版，第 1 頁）、丘向魯《青海
各民族移入的溯源及其分布之現狀》（《新亞細亞》1933 年 5 卷 3 期）補。

〔七〕開皇：新版、舊版印本及抄本俱作「開元」，「開皇」之誤。今據吳忠信《西藏
紀要》第一章「西藏之起源及與中國歷代關係概況」改。見出版《西藏紀要》
全國圖書館文獻縮微複製中心 1991 年版，第 1 頁。

〔八〕此處括號內原作者注「即土番」，原在「有酋長」之後，當在「西羌」之後，
現移正之。

〔九〕孛：係「索」之誤。考吳忠信《西藏紀要》作「倫贊索」。見出版《西藏紀要》
全國圖書館文獻縮微複製中心 1991 年版，第 1 頁。

〔一○〕此處括號內原作者注「即海南北各地」，原在「甘松為界」之後，當在「極乎
白蘭數千里」之後為妥，現移正之。

〔一一〕名：新版、舊版印本及抄本俱作「民」，誤。今據丘向魯《青海各民族移入的
溯源及其分布之現狀》（《新亞細亞》1933 年 5 卷 3 期）改。

〔一二〕龍朔：新版、舊版印本原作「龍翔」。「翔」，「朔」之誤。抄本藍筆旁改為「龍
朔」。今據抄本及《辭海》附錄《中國歷史紀年表》改。

〔一三〕新版、舊版印本及抄本俱作「溫逋苛」，「苛」，「奇」之誤。現據《宋會要輯稿》
之 6《蕃夷》1、《太平治跡統類》卷 16 改。

〔一四〕新版、舊版印本原作「青城」，抄本誤作「苛城」。應為「青唐城」，今據《宋
史》卷 492《吐蕃傳》補。

〔一五〕遷：新版、舊版印本原作「影」，誤。抄本不誤。今據抄本及丘向魯《青海各
民族移入的溯源及其分布之現狀》（《新亞細亞》1933 年 5 卷 3 期）改。

〔一六〕[自]：據丘向魯《青海各民族移入的溯源及其分布之現狀》（《新亞細亞》1933
年 5 卷 3 期）補。

〔一七〕此處括號內原作者注「羌無弋爰劍者，秦厲公時入三河間，諸羌推以為『豪』」，
原在「後」字之後，當在「爰劍」之後為妥，現移正之。

〔一八〕丘向魯《青海各民族移入的溯源及其分布之現狀》（《新亞細亞》1933 年 5 卷
3 期）作「二千八百四十三戶，一千四百餘人」，又注「數字有誤」。《青海誌
略》作「三千八百四十三戶，一萬四千餘人」，當為確實。

〔一九〕此三處闕略，據丘向魯《青海各民族移入的溯源及其分布之現狀》（《新亞細
亞》1933 年 5 卷 3 期）補。

〔二○〕此三處闕略，據丘向魯《青海各民族移入的溯源及其分布之現狀》（《新亞細

亞》1933 年 5 卷 3 期）補。

〔二一〕丘向魯《青海各民族移入的溯源及其分布之現狀》（《新亞細亞》1933 年 5 卷
3 期）作「一千二百餘戶」。

〔二二〕丘向魯《青海各民族移入的溯源及其分布之現狀》（《新亞細亞》1933 年 5 卷
3 期）作「一百餘戶」。

〔二三〕丘向魯《青海各民族移入的溯源及其分布之現狀》（《新亞細亞》1933 年 5 卷
3 期）作「一百三十餘戶」。

〔二四〕丘向魯《青海各民族移入的溯源及其分布之現狀》（《新亞細亞》1933 年 5 卷
3 期）作「一百五十餘戶」。

〔二五〕丘向魯《青海各民族移入的溯源及其分布之現狀》（《新亞細亞》1933 年 5 卷
3 期）作「三百戶」。

〔二六〕丘向魯《青海各民族移入的溯源及其分布之現狀》（《新亞細亞》1933 年 5 卷
3 期）作「三百五十餘戶」。

〔二七〕丘向魯《青海各民族移入的溯源及其分布之現狀》（《新亞細亞》1933 年 5 卷
3 期）作「三十餘戶」。

〔二八〕丘向魯《青海各民族移入的溯源及其分布之現狀》（《新亞細亞》1933 年 5 卷
3 期）作「五百餘戶」。

〔二九〕丘向魯《青海各民族移入的溯源及其分布之現狀》（《新亞細亞》1933 年 5 卷
3 期）作「一百餘戶」。

〔三○〕丘向魯《青海各民族移入的溯源及其分布之現狀》（《新亞細亞》1933 年 5 卷
3 期）作「四百餘戶」。

〔三一〕丘向魯《青海各民族移入的溯源及其分布之現狀》（《新亞細亞》1933 年 5 卷
3 期）作「一百餘戶」。

〔三二〕丘向魯《青海各民族移入的溯源及其分布之現狀》（《新亞細亞》1933 年 5 卷
3 期）作「一百三十餘戶」。

〔三三〕丘向魯《青海各民族移入的溯源及其分布之現狀》（《新亞細亞》1933 年 5 卷
3 期）作「一百餘戶」。

〔三四〕丘向魯《青海各民族移入的溯源及其分布之現狀》（《新亞細亞》1933 年 5 卷
3 期）作「三百二十餘戶」。

〔三五〕丘向魯《青海各民族移入的溯源及其分布之現狀》（《新亞細亞》1933 年 5 卷
3 期）作「一百五十餘戶」。

〔三六〕丘向魯《青海各民族移入的溯源及其分布之現狀》（《新亞細亞》1933年5卷
　　　　3期）作「四百五十餘戶」。

第五節　土族

一、土族入青溯源

　　本省土族之始祖，究為何人，不易考據。因彼無文字記載也。

　　據彼族自稱，為晉王李克用之後。按李克用乃西域突厥種，居新疆之沙陀
磧（現新疆塔爾巴哈臺西南之楚克得里克境內）。其地距西寧、樂都一帶約數
千里，當時有無遷徙之跡，不得而知。惟李克用之子李存勖當國時，甘肅亦為
版圖之一部。西寧原屬甘肅，或為李存勖之後因國亡而逃至此處，亦未可知。

　　考其服裝，男子則全部與漢人同；女子所穿之長衫及紅裙子，與數十年前
內地鄉間婦女所穿者幾乎盡同，且有一部分係纏足者。但在互助、大通一帶之
土人，則又帶幾分番氣，惟帽子與服裝之某一部分，有其特異之點。言語非漢
非番，信仰有佛亦有回。究係土人受漢人之影響，抑漢人受番人之影響而同化，
則不可考。

大通土族婦女

1936年莊學本攝

　　據另一說，謂土人為李英〔註81〕或李文〔註82〕之後。兩李一在明永樂年，以功封會寧伯；一在宣德年，封高陽伯。均係當時管理人民之土司。此說似較是。因土人之名，並非「土著」之意。據《西寧府志》載：「寧郡諸土司，計十六家：即祁貢哥星吉、多爾只失吉〔註83〕、李南哥、李文、沙密、吉保、陳子民〔明〕〔一〕、趙朵只木、薛都爾〔丁〕（其後代為冶爾、冶鸞、冶為鑒、冶國器等，故稱「冶土司」）、失喇、帖木錄、乩〔註84〕鐵木、朵力乩、哈利反等，皆自前明洪武時授以世職，安置於西寧、碾伯二屬。是時地廣人稀，城池左近水地，給民樹藝；邊遠旱地，賜各土司，各領所部耕牧。內惟陳子明係南人，餘俱係蒙古暨西域纏頭。或以元時舊職投誠，或各領所部歸命。」於是便稱被土司管理之人民為土人。據此而言，則土人又為蒙古及回族之一部。

民國時李土司全家福

莊學本攝影

〔註81〕 李英：生卒年不詳。西番人，明朝將領。以其父李南哥歸附明朝有戰功，得以承襲父職。後與外族交戰，立有戰功。李英為人驕縱不法，雖屢遭彈劾，而終得寬赦。宣德二年（1427年），封為會寧伯。宣德七年（1432年）下獄奪爵。正統二年（1437年）獲釋，不久後去世。《明史》有載。

〔註82〕 李文（？～1489年）：陝西行都指揮使司西寧衛（今青海省西寧市）人，李英從子，明朝軍事將領。天順元年（1457年），因奪門之變冒迎駕功，晉升為都督僉事。未幾齣任右都督出鎮大同，其率眾擊敗蒙古入侵，封高陽伯。

〔註83〕 多爾只失吉（？～1396）：據輯本《西寧衛志》，為「多爾只失結」。《清史稿》作「朵爾只失結」，青海「東祁土司」始祖。元時為甘肅行省右丞。明洪武四年（公元1371年）歸附，任河州前衛指揮。後率土兵隨從明將馮勝出甘州，追襲元順帝，北征金山寺、灰河、永平等州及詔諭西番有功，守明太祖嘉獎，升任宣武將軍、西寧衛指揮僉事。死後由子端竹襲職，賜姓祁。

〔註84〕 乩：音 bié。

有一說，土人為吐谷渾之後代。吐谷渾當年曾在西寧一帶活動，因而名為「土人」云。

眾說紛紜，莫衷一是。姑並志之，以供參考。

二、土族分布之概況

茲將本省土族之分布情形，分述於左：

（一）在共和縣者，住恰布恰、上中下郭密一帶。計二十四戶，八十九人。

（二）在互助縣者，在第一區之塘巴堡、尕思代納、家白嘴堡、東溝、第二區老營莊以上佑寧寺以下、哈拉直溝、斜吉崖、西華林、梭布灘等處。計約一千數百戶，六七千人。

（三）在民和縣者，住安〔官〕亭〔二〕一帶。約二千餘戶，一萬餘人。

（四）在樂都縣者，住山腦等處。計三百十二戶，六千餘人（此項數目確否，待考）。

（五）在大通縣者，計五千餘人。

土司在青海各縣，現仍有絕大之勢力。土民以其為唯一之長官，仍不脫原始現象。改革之道，首宜限制土司權力，使毋干預政事；次則興辦教育，使之逐漸同化，以改良其生活。決不可操之過激，以引起變故；亦不宜漫存優待，徒事羈縻，任其自然消長，視同化外。若政府先示之以恩惠，毅然改土歸流，尤為上策，其他問題無不迎刃而解。

【校勘】

〔一〕新版、舊版印本及抄本俱作「陳子民」。「民」，「明」之誤。現據《西寧府新志》、《甘肅通志稿》、《清史稿》等文獻改。下同。

〔二〕應為「官亭」。抄本有紅筆旁改。

第六節　撒族

一、撒族入青淵源

撒拉現住循化之八工及化隆之外五工。土人尚有一部分懂漢語者，而撒族之懂漢語者，真〔一〕可謂之鳳毛麟角。他們究竟來自何處，亦無從為科學之考察。

據他們自己傳說，則繫於元時來自阿拉伯。至其移來之原因，據說當時此

一部分撒拉，共約八九十人，素以竊盜為榮；阿拉伯人苦於他們行為不端，群起而驅逐之出境。他們被逼無法，只有出境，惟阿訇對於他們，尚有憐憫之意，於是給他們一碗土，並告以自本地向東北行，如能尋到一塊地方，其土之顏色與分量與碗內之土相同者，即為他們安居之地。於是他們行行重行行，走到循化蓋子工，果然尋到他們理想之住所。

但另據一說，則謂彼等來自中亞細亞之亞米爾幹。由於教主帶領許多從人，到中土傳教，因而卜居於循化、化隆一帶。

二說孰是，尚待考證。

泉邊背水的撒拉女性

二、撒族分布概況

撒族之分布地域，只有循化、化隆二縣。

在循化者，住街子工、張家工等八工。計一萬五千九百十六人。

在化隆者，住縣屬之西南，如卡爾岡、水地川、甘都等處。計一百三十餘戶，約六七百人。

【校勘】

〔一〕真：新版、舊版印本及抄本俱作「直」，「真」之訛。今據丘向魯《青海各民族移入的溯源及其分布之現狀》（《新亞細亞》1933 年 5 卷 3 期）改。